이제는 나로 살아야 한다

이제는 나로 살아야 한다

자기실현을 위한 중년의 심리학

한성열 지음

21세기북스

본보기를 따라 사는 사람들에게는 생명력이 없다.

당신이 당신의 삶을 살지 않는다면, 누가 당신의 삶을 살겠는가?

그러니 당신 자신의 삶을 살아야 한다.

_카를 융

책을 시작하며

오늘부터는 나를 아껴야 한다

50여 년이 넘게 심리학을 공부한 소감을 한 마디로 표현한다면 '심리학은 잘 살기 위해 꼭 필요한 공부'라는 것입니다. 이렇게 유용한 내용을 강의실에서만 나눌 수 있다는 것이 안타까웠습니다. 그래서 나름대로 제게 도움이 되었던 내용을 많은 분들과 다양한 현장에서 나누는 일을 해왔습니다. 《이제는 나로 살아야 한다》도 그런 노력의 일환입니다.

제가 처음 심리학을 공부할 때 '발달심리학'이라는 과목에서는 주로 어린이와 청소년 발달만을 다루었습니다. 꼭 필요한 분야이지만, 당시의 저는 별로 관심이 없었습니다. 하지만 미국 유학 시절에 우연히 접한 '전생애 발달심리학'은 눈을 번쩍 뜨게 만들었습니다. 앞으로 고령화사회에서는 성인 발달을 공부하는 것이 필요하겠다는 깨달음을 주었습니다.

마음 건강 분야에서 프로이트Sigmund Freud와 쌍벽을 이루는 정신의학자 카를 융Carl Jung의 회고록 첫 문장은 다음과 같습니다.

"나의 생애는 무의식의 자기실현에 대한 이야기이다."

카를 융은 중년이 넘어서야 비로소 사는 것이 무엇인지 그 깊은 맛을 알 수 있고, 비로소 자기실현을 할 수 있다고 언급했습니다. 중년기는 말 그대로 '나로 살아야 할' 시기라는 것입니다. 그만큼 중년기가 중요하다는 것을 강조하고 있습니다.

유학 시절의 깨달음은 30여 년간 대학에서 강의를 하면서 더욱 절감하게 되었습니다. 그리고 성인 발달심리에 대해 많은 분들이 궁금해하고, 또 말하지 못할 고민을 안고 이유도 모른 채 살아가는 분들을 상담실에서 만나면서, 제가 알고 있는 지식을 나누는 것이 필요하겠다고 생각했습니다. 그러나 대학 교재와 논문 쓰기에 익숙한 저의 필력으로는 누구라도 편하게 읽을 수 있고 필요한 도움을 받을 수 있는 책을 쓰는 것이 쉽지 않아 차일피일 미루어 왔습니다.

망설이는 저에게 많은 분들이 용기를 주셨습니다. 특히 20대 청춘에 대학 캠퍼스에서 만나 40년이 훌쩍 넘는 세월을 함께 나이 들어가는 아내, 97세에도 여전히 고우시며 죽음 앞에서 담담하게 오늘도 아들을 걱정하시는 어머니, 그리고 태어나서부터 지금까지 살아간다는 것이 무엇인지 발달의 시기마다 생생하게 보여주는 자녀들 덕분에 이 책이 나올 수 있었습니다. 가족과 부대끼며 살아가는 경험은 책에서 배운 이론에 살과 피를 제공해주었습니다.

　부족하지만 이제 중년에 관한 책을 내놓습니다. 그동안 강의실과 상담실에서 만난 분들과의 진솔한 대화를 통해 배운 내용 중 꼭 필요하다고 생각되는 주제들을 정리했습니다. 좋은 성적을 내기 위해서는 복습과 예습이 꼭 필요하듯이, 중년을 지내고 계시는 분, 이미 지내신 분 그리고 앞으로 지낼 분들에게 도움이 되기를 바랍니다. 그리고 맡겨진 책무와 다른 사람들의 인정 때문에 뒷전으로 미뤄두었던 나의 삶을 살아가시기 바랍니다.

2021년 8월 허심정(허백이 심리학을 생각하는 정자)에서,

허백虛柏 한성열

차례

책을 시작하며   오늘부터는 나를 아껴야 한다   6

1장 _____ 나를 아껴야 한다

삶을 입체적으로 바라볼 수 있는 시기	17
성장하는 동안은 늦지 않는다	24
내가 정말 원하는 삶	30
심리적인 자식이 많을수록 행복하다	36
부정적인 감정도 표현해야 한다	42
우리는 왜 서로의 마음을 모를까	48
사랑이 상하면 지배가 된다	55

2장 ─── 중년에는 자기실현을 하기 가장 좋다

이제는 솔직하게 살고 싶다	63
중년은 과거와 미래를 모두 볼 수 있다	68
내가 만드는 즐거운 인생	75
부모와 자식 간의 상호의존적인 관계	80
사소한 감정을 나누자	85
잘못을 인정할 때 가족관계는 돈독해진다	92
이제 자신의 삶을 살아야 한다	98
마음의 판을 바꿀 수 있는 용기	103

3장   내 인생의 목적은 무엇인가

꼰대라는 말이 싫다면 알아야 할 것	111
문제해결력은 중년이 가장 뛰어나다	118
인생의 절정기	124
내 안에 있는 힘을 믿어야 한다	130
닥쳐올 어려움을 미리 예상해보기	136
제대로 된 사과가 필요하다	146
심정대화를 하고 싶다면	152
위로해주기 가장 좋은 시점	157
봉사의 기쁨	163

4장 ──────── 사랑이 사람을 살게 한다

나의 한계를 극복할 유일한 방법	171
미래가 더 이상 위안이 되지 않는다면	175
친밀함의 상징	181
신체를 통한 모든 즐거움	186
건강한 부부관계를 맺는 본질적 요인	192
유혹을 현명하게 물리치다	197
몸의 변화 몸의 지혜	203
사별과 재혼	209
노부모의 사랑	214

5장 ＿＿＿＿ 나를 아끼면 과거도 변한다

심리적 거리는 대화의 질에 달려 있다	223
사리대화와 심정대화의 차이	229
비난, 경멸, 방어, 의사방해가 관계를 망친다	237
성숙한 부모가 스위트 홈을 만든다	242
중년에 부모와 사이가 나빠지는 이유	248
가족은 상담자, 가정은 상담소	254
과거는 얼마든지 바뀔 수 있다	260
열심히 놀아야 한다	266

나를 아껴야 한다

삶을 입체적으로
바라볼 수 있는 시기

최근 우리 사회에서는 중년기中年期에 대한 관심이 커지고 있다. 그 이유가 무엇이든 간에, 중년기는 우리의 생애에서 중요한 시기이면서도 지금까지 잊혀 있던 시기이었기 때문에 이 같은 현상은 매우 다행스럽다고 할 수 있다. 그동안 우리 사회는 '어린 시절兒童期'이나 '젊은 시절靑年期'에 대해서는 많은 관심을 기울였다. 대학교에 유아교육과, 아동학과나 청소년학과가 개설되어 있는 것을 보아도 잘 알 수 있다. 그리고 노령 인구의 급속한 증가로 인해 '늙은 시절老年期'에 대한 관심도 급속히 늘었다. 덕분에 이제는 '노년학老年學'이라는 학문 분야도 낯설지 않게 되었다.

하지만 최근까지 우리 사회뿐만 아니라 개개인도 중년기에 대해서는 이상하리만치 관심을 기울이지 않았다. 아니, 관심을 기울이지 않았다기보다 마치 그런 시기가 없는 것처럼 살아왔다는 것이 더 정확한 표현일 것이다. 사회학자 송호근 교수가 2013년 펴낸 책 제목대로《그들은 소리 내 울지 않는다》. 그는 50대에 이른 베이비부머 10여 명을 심층 인터뷰한 내용을 바탕으로 이 책을 집필했다. 왜 중년들은 힘들 때 소리 내 울지 않는가? 한마디로 말하자면 자신의 삶에서 그런 시기가 있다는 것을 인정하고 싶지 않아 애써 부인하고 눈을 감기 때문이다. 힘들다고 고백하는 순간 위로를 받기는커녕 오히려 '이제는 한물갔다'고 배척당하고 소외되기 때문이다. 더 정확히 말하면 그렇게 될 거라고 지레짐작하면서 두려워하기 때문이다.

우리의 생애를 몇 개의 시기로 나누는 것이 정확한지에 대한 일치된 견해는 없다. 우리의 생애는 살아가는 지역과 시기에 따라 다양하게 변하기 때문이다. 예를 들면, 문제와 갈등이 많다고 누구나 인정하는 '청소년기'도 사실상 우리 삶에 나타난 것이 그리 오래되지 않는다. 나의 할머니는 15세에 결혼해서 18세에 첫 자녀를 낳았다. 지금의 기준으로 보면, 중학생 시기에 결혼해서 고등학생 때 첫 자녀를 낳은 셈이므로 이해가 안 되지만, 1900년도 초반의 여성들은 대개 10대 중반에 결혼하고 출산을 하기 시작했다. 다시 말하면, 우리 할머니는 소위 청소년기를 거치지 않은 것이다. 아니, 그 시대에는 청소년기라는 것 자체가 없었다.

그렇다면 중년기는 언제부터를 말하는 것인가? 이 질문에 대한 대답도 하기 어렵다. 중년기라고 법으로 규정하는 시기가 있는 것도 아니고, 문화마다 개인마다 다르기 때문이다. 그리고 그 시작 시기도 계속 변하고 있다. 미국 정신의학회의 표준 진단 매뉴얼인《정신질환 진단 및 통계 편람DSM》은 1994년 4차 개정판에서부터 중년기를 최대 50~64세로 정의했다. 대부분의 중년 연구학자들에 의하면, 중년기를 여성은 35~60세까지이며, 남성은 40~60세까지라고 말한다. 하지만 분명한 사실은 사람들이 자신을 중년이라고 인정하는 시기는 점점 늦어지고 있다는 것이다.

〈이데일리〉는 한국 나이로 40대에 진입하는 1981년생 남·여 100명을 대상으로 자체 설문조사를 진행했다. '당신이 중년이라고 생각하는지'부터 '언제 가장 나이가 들었다고 느끼는지' '현재 가장 큰 고민거리는 무엇인지' '요즘 젊은이들(20~30대)과 세대 차이를 느끼는지' 등에 대해 물었다. 응답자의 대다수는 자신을 중년으로 부르는 것을 거부했다. '당신은 중년이라고 생각하십니까'라는 질문에 '아니오'라고 답한 비율은 75퍼센트, '네'라고 답한 비율은 단지 25퍼센트에 불과했다.

중년기는 '더 이상 젊지는 않지만, 그렇다고 늙은 것도 아닌 시기'라고 할 수 있다. 중년기라는 명칭 자체가 이를 잘 말해준다. '중中'은 가운데를 뜻하므로, 중년기는 가운데 시기라는 말이다. 영어로도 중년기를 'middle-age'라고 하는데 '중中'과 같은 의미이다. 즉 문화는 달라도 중년기를 정의하는 내용은 동일하다. 물리적으로 가운데라면, 양쪽에 서로 다른 무엇이 있지 않아도 산술적으로 가운데를 정할 수 있다. 하지만 심리적으로 가운데는 양쪽에 서로 다른 것이 있다는 것을 가정하지 않으면 성립하지 못한다.

우리의 삶은 크게 두 시기로 나뉜다. 첫 번째는 어린이로 사는 시기이고, 두 번째는 어른으로 사는 시기이다. 이 시기의 사이에 소위 '청소년기'가 있다. 그리고 어른으로 사는 시기는 또 두 시기로 나뉜다. 첫 번째는 '젊은이'로 사는 시기이고, 두 번째는 '늙은이'로 살아가는 시기이다. 중년기는 '젊은이'와 '늙은이'의 가운데 있는 시기이다. 앞서 이야기한 대로 '더 이상 젊지도 않지만, 그렇다고 늙지도 않은 시기'이다.

따라서 중년기는 지나가는 '젊음'과 다가오는 '늙음'이 공존하는 시기이다. 하루하루 늙어간다는 것을 느끼지만, 이 사실을 강하게 부정하고 싶은 시기이다. 우리는 청춘이야말로 삶의 절정이고, '젊은 것만으로도 행복하다'는 편견에 너무 길들여져 있다. 이 편견을 진정으로 받아들이면 늙어가는 것은 가능하면 피하고 싶은 일이 된다. 따라서 '젊은 것은 좋은 것이고, 늙는 것은 나쁜 것이다'라는 미신이 생겨난다. 덕분에 자신이 중년이라는 사실을 가능하면 감추고, 계속 청춘의 모습으로 살아가려고 애쓴다. 계속 젊은 '척' 하면서 살아가는 것은 또한 얼마나 힘든 일인가? 이래저래 중년은 고달프다.

아무리 의식하지 않으려 해도 늙어간다는 것을 몸을 통해 느낀다. 체력이 예전 같지 않은 것이다. 젊었을 때는 며칠 밤을 새우며 일을 해도 하룻밤 푹 자면 피곤이 다 풀렸다. 하지만 40대 후반이 되면 밤을 새우기는커녕 그저 며칠간 무리해서 일하기만 해도 피곤이 풀리려면 많은 시간이 걸린다. 젊었을 때는 도시 근교의 산을 단숨에 올랐지만, 이제는 조금만 올라도 땀이 나고 숨이 차기 시작한다. 운동할 때 힘이 부치거나 몸이 여기저기 아프기 시작한다. 또한 외모가 눈에 띄게 달라져간다. 어느덧 흰머리가 생기기 시작하고, 눈가에 주름이 짙게 패기 시작한다. 날씬하던 몸매도 어느덧 배가 나온 영락없는 '아저씨' '아줌마'의 모습으로 변해간다. 이때 사람들은 '나도 이제 한물갔구나' 하는 서글픈 마음이 든다.

중년이 되어간다는 것은 사회적인 관계에서도 느낄 수 있다. 처음 회사에 입사했던 20대에는 비록 경험은 없어도 푸릇푸릇한 젊음과 패기가 넘쳤다. '세상이 모두 내 것'이라는 마음으로 노력하면 오르지 못할 산이 없으리라는 생각으로 사회생활을 시작했다. 하지만 어느덧 40대 후반이 되자 20대의 패기와 꿈은 점점 사라지고, 가수 김광석 씨의 '서른 즈음에'라는 노랫말처럼 "떠난 적도 없고, 떠나보낸 적도 없는 머물러 있는 청춘인 줄 알았는데" 속절없이 젊음이 사라져가는 느낌이 들기 시작한다.

중년에는 가족관계에도 큰 변화가 생긴다. 이제 자녀들이 모두 성장하여 부모의 곁을 떠나는 소위 '자녀의 진수기進水期'이므로 대부분의 부모들은 '빈둥지증후군'을 경험한다. 자녀들을 위해 험한 일도 마다하지 않고, 자녀를 위해 모든 것을 희생한다고 생각하며 살아가는 한국의 부모들에게 자녀들이 곁에서 떠나간다는 것은 살아가는 목적과 의미를 새로 정립해야 한다는 것을 의미한다.

이런 다양한 변화를 경험하는 중년기는 과연 어떤 시기인가? 한마디로 말하면, 중년기는 현재 자신의 삶을 평가하는 시기이다. "지금 나는 젊었을 때 꿈꿨던 대로 살고 있는가?" "지금 이 모습 그대로 계속 살아갈 것인가?" 아니면 "더 늦기 전에 새로운 변화를 주어야 할 것인가?" 등의 중요한 질문에 답을 찾아야 하는 시기이다.

중년기에 평가를 하는 이유는 무엇인가? 평가가 효과적이려면 아직 변화할 기회와 여력이 있을 때 해야 하기 때문이다. 변화할 가능성이 없을 때 평가가 이루어지면 십중팔구 비난이나 비관의 형태가 되기 십상이다. 중년은 밝은 쪽에서 보면 삶의 절정에 있는 시기이다. 저돌적으로 앞만 바라보는 청년과 회고적으로 과거를 반추하는 노년의 모습을 동시에 가질 수 있기 때문에, 삶을 입체적으로 바라볼 수 있는 조망할 기회와 자원을 제일 많이 가지고 있는 시기가 바로 중년기이다. 따라서 정확한 평가와 그것을 바탕으로 새로운 변화에 대한 준비를 할 수 있는 중년기는 우리의 삶에서 매우 귀중한 시기이다.

위기危機는 위험危險과 기회機會를 내포하고 있다. 중년이 위기의 시기라는 말은, 위험한 시기가 될 수도 있지만 동시에 기회의 시기가 될 수도 있다는 의미이다. 마치 칼이 위험한 도구인지 유용한 도구인지를 판단하는 것과 마찬가지이다. 칼이 범죄자의 손에 들어가면 사람을 해치는 흉기가 되지만, 맛있는 음식을 준비하는 요리사가 사용하면 더없이 유용한 도구가 된다.

  중년기가 육체적으로 노쇠해지고 쇠퇴하는 시기인 것은 분명하다. 하지만 자신과 일에 대한 정의를 새롭게 내리고, 나이에 대한 시간 전망을 바꾸어 지금까지의 삶에 대해 재평가하게 하는 동시에, 미래의 삶에 대해 준비하게 하는 귀중한 발달의 시간이기도 하다. 따라서 중년은 위기의 시간이 되기도 하지만 보다 나은 삶을 설계하고 보람 있는 노후를 준비하게 해주는 기회의 시간이기도 하다. 그러므로 중년의 위기를 겪고 있다면, 그것은 변화의 과정에서 가치관이나 행동의 변화 때문에 생기는 일시적인 심리적 혼란감이라 할 수 있다. 중년을 맞은 이들이라면 더 이상 '소리 없이' 울지 말고 더욱 적극적으로 중년의 변화에 대해 이해하고, 새로운 변화에 대처할 수 있는 방안을 모색하는 것이 중요하다.

성장하는 동안은
늙지 않는다

미국의 한 유명 패션지가 더 이상 '노화 방지'란 표현을 사용하지 않겠다고 선언해서 화제가 된 적이 있다. 〈얼루어 allure〉라는 패션지의 편집장인 미셸 리 Michelle Lee는 "우리는 노화가 싸워야 하는 대상이라는 메시지를 강화하고 있다. 이번 호부터 '노화 방지'라는 표현을 쓰지 않기로 결정했다"라고 밝히면서, "우리는 늙어감으로써 매일 충실하고 행복한 인생을 살아갈 기회를 얻는다"며 아름다움이 젊은이들의 전유물은 아니라고 선언해서 파문을 일으켰다. 그러면서 그는 "사람들이 '그녀는 나이에 비해 예뻐 보인다'고 표현할 게 아니라 그냥 '그녀는 멋지다'고 표현하면 좋겠다"라고 제안하기도 했다. 이 편집장은 글 말미에 "미국인들이 젊음을 떠받든다는 사실은 잘 알고 있다"며, "그러나 젊음의 싱그러움을 인정한다는 것이 곧 우리가 늙어가며 추하게 변한다는 것을 뜻하는 것은 아니다"라고 했다.

올해 72세인 메이 머스크Maye Musk는 2017년부터 세계적인 화장품 브랜드인 '커버걸Covergirl'의 공식 모델로 활동하고 있다. 미국 전기자동차 업체 테슬라Tesla의 최고경영자인 일론 머스크Elon Musk의 어머니이기도 한 메이 머스크는 처음 모델을 시작할 때 "오랜 세월 '커버걸'의 멋진 모델을 동경해왔던 내가 69세의 나이에 그렇게 될 줄 누가 알았겠는가"라며 "이것은 결코 포기해선 안 된다는 것을 보여주는 것"이라고 말했다. 이어 그녀는 "나를 커버걸의 다양성의 일원으로 참여시켜준 데 대해 감사한다"라며 "아름다움은 진정 모든 연령대의 여성을 위한 것"이라고 덧붙였다. 현재도 활발한 활동을 하고 있는 그는 지난 2019년 미국 은퇴자 협회AARP 주관 '50대 이상의 노년층을 타깃으로 하는 마케팅' 세미나의 패널로 등장했다. 이 세미나에서 그는 "광고 속 노년층이 멋진 차림새를 하고 행복한 모습, 지적인 모습으로 표현되는 것은 노년층인 우리에게만 좋은 것이 아니라 젊은 세대들에게는 그들이 나이 들어가는 것에 대해 더 긍정적으로 생각할 수 있게 만들 것"이라고 말했다.

우리나라에서도 100세의 철학자 김형석 교수가 아직도 강의와 저술 등 활발한 사회 활동을 하며 노익장을 과시하고 있다. 그는 한 언론매체와의 인터뷰에서 "사람은 성장하는 동안은 늙지 않아요. 저는 인생의 황금기는 60세부터 75세까지라고 믿고 있어요. 요사이도 60분 정도 강연은 서서 합니다. 우리 사회에는 너무 일찍 성장을 포기하는 '늙은 젊은이들'이 너무 많아요"라고 당당하게 이야기했다. 그는 2017년 '유일한상'과 '인촌상'을 수상하는 기염을 토하기도 했다.

우리는 '오복五福' 중에서도 '수복壽福'을 중하게 여겼던 조상들의 바람을 대부분 누릴 수 있는 시대에 살고 있다. 또 우리나라는 세계에서 그 유례를 찾아보기 어려울 정도로 인구 고령화가 빠르게 진행되고 있다. 보통 65세 이상 인구 비율이 7퍼센트이면 '고령화사회', 14퍼센트가 되면 '고령사회', 20퍼센트를 넘어가면 '초고령사회'라고 한다. 고령화사회에서 초고령사회로의 진입에 프랑스는 154년, 영국은 99년, 미국은 90년, 독일은 77년 소요되었고 일본은 35년 걸렸다. 한국은 2000년 고령화사회에 진입했고 2017년 고령사회에, 2026년에는 초고령사회에 진입할 것으로 예측된다. 우리는 초고속으로 초고령사회를 향해 달려가고 있다.

수명이 길어진다는 것은 분명 기쁘고 축하할 일이다. 하지만 길어지는 수명이 축복이기 위해서는 중년 이후의 삶이 행복해야 한다. 불행한 시기가 길어진다는 것은 재앙에 불과하다. 인생의 후반기가 행복하기 위해서는 많은 요소들이 갖추어져야 한다. 먼저 건강해야 하고 경제적으로 여유가 있어야 하고 보람 있는 일을 원하는 만큼 할 수 있어야 한다. 물론 이것은 비단 중·노년기에만 국한되는 것이 아니라 모든 연령층에 다 해당되는 것이다. 그렇게 되려면 개인은 물론 정부도 노후를 위한 복지와 의료정책을 잘 수립하고 시행해야 한다. 그런데 복지 정책 외에 행복한 노후를 위해 꼭 필요한 것이 있다. 그것은 노년에 대한 부정적 편견을 극복하는 일이다. 아무리 건강하고 먹고사는 데 지장이 없는 복지 환경을 제공한다고 해도, 사회와 본인 스스로가 노년에 대한 편견에 사로잡혀 있으면 행복할 수 없다.

우리 사회에는 여전히 노인은 쓸모없는 존재라는 편견이 있다. 이런 편견을 '연령차별주의'라고 부른다. 노년에 대한 편견은 이상에서 언급한 사회·문화적인 변화에만 기인하고 있는 것은 아니다. 우리의 일생을 바라보는 심리적인 관점도 편견에 크게 일조하고 있다. 일반적으로 '발달'과 비슷한 뜻을 가진 단어를 연상해보면 '발전' '성장' '진보' 등이 쉽게 떠오른다. 이 중에서도 사람의 발달을 생각하면 먼저 성장이라는 말이 떠오른다.

발달을 성장으로 인식한다면 우리의 삶은 세 단계를 거쳐 변화해간다. 첫 번째 단계는 태어나서 청년기까지의 시기이다. 이 시기에 어린이들은 신체적으로 심리적으로 발달해간다. 이런 발달은 청년기까지 활발하게 이루어진다. 개개인의 신체와 관련된 대부분의 발달은 청년기에 그 정점에 달한다. 이때가 우리의 인생에서 제일 체력이 좋을 때고 힘이 셀 때이다. 그래서 우리는 청년기를 '인생의 황금기'라고 여긴다. 젊은이를 보면서 "좋을 때다"라고 부러워한다.

청년기를 지난 어른들에게 "나이에 비해 젊어 보인다"는 인사를 하면 거의 대부분 "고맙다"고 답례한다. 너무 자연스럽게 이루어지는 대화이기 때문에 그 대화의 기저에 깔려 있는 암묵적 합의에 대해서는 별로 생각하지 않는다. 하지만 나이에 비해 젊어 보이는 것이 왜 좋을까? 그것은 젊은 것이 좋다는 공통의 인식이 깔려 있기 때문이다. '나이에 비해 젊게 보이는 것이 좋다는 생각'이 당연하다고 받아들여진다. 그렇기 때문에 그런 인사를 할 수 있다. 그리고 자신도 나이에 비해 젊게 보이려고 노력하고, 거기에 긍지를 가지고 있기 때문에 그 점을 인정받고 고마운 마음이 드는 것이다. "왜 나이보다 젊게 보이는 것이 좋을까?"라는 질문은 물을 필요도 없는 어리석기까지한 질문이다. 지극히 당연한 것이니까. "젊다는 것은 그것 자체로 축복이니까!"

　이런 생각이 너무나 만연해 있기 때문에 거의 대부분의 화장품 모델은 신체적으로 가장 아름답다고 여겨지는 20대 남녀들이 독차지하고 있다. 그리고 이들은 매일 '당신도 이 화장품을 쓰면 나처럼 아름다워질 수 있다'고 유혹한다. 아마도 이미 젊은 시기를 지난 사람들에게 '당신도 젊어질 수 있다'는 환상을 심어줄 수 있는 사업은 불황을 모를 것이다.

　하지만 최근 들어 이 추세는 점차로 변하고 있다. 앞에서 소개한 대로 72세의 메이 머스크가 커버걸의 모델로 왕성하게 활동하고 있다는 것은 많은 것을 시사해준다. 이제는 더 이상 20대로 돌아가려는, 이길 수 없는 투쟁을 할 필요가 없다는 것을 사람들이 깨달은 것이다. 돌아갈 수도 없고, 돌아갈 필요도 없는 20대에 대한 미련을 당당히 버리고 "그래, 나 60대야" 하고 당당히 밝히는 사람들이 늘어간다는 것이다. 그리고 60대 나름의 아름다움이 있다는 것을 찾기 시작했다는 것이다.

100세의 노철학자 김형석은 60세부터 75세까지가 '인생의 황금기'라고 당당하게 말한다. 이렇게 당당한 노철학자를 가지고 있는 우리 사회도 앞으로 나이 들어가는 것이 두렵지 않은 사회, 아니 오히려 당당한 사회가 되어갈 것이다. 이제야 우리 사회도 인생에서 절정기는 따로 없다는 사실을 인식하기 시작했다. 인생의 각 시기는 나름대로 다 아름다움이 있다. 어린이는 어린이다울 때, 청년은 청년다울 때, 중년은 중년다울 때, 그리고 노년은 노년다울 때 가장 아름답다. 노년이 아름답고 행복할 때 중년을 비롯한 모든 세대가 마음 놓고 나이 들어갈 수 있다.

내가 정말 원하는 삶

"나는 그려야 해요."

"잘해야 삼류 이상은 못 된다고 해봐요. 그걸 위해 모든 것을 포기할 가치가 있단 말인가요? 다른 분야에서는 그렇게 뛰어나지 않아도 문제 되지 않아요. 그저 보통만 되면 안락하게 살 수 있어요. 하지만 화가는 달라요."

"이런 맹추 같으니라고."

"제가 왜 맹추입니까? 분명한 사실을 말하는 것이 맹추란 말입니까?"

"나는 그림을 그려야 한다지 않소. 그러지 않고는 못 배기겠단 말이요. 물에 빠진 사람에게 헤엄을 잘 치고 못 치고가 문제가 되겠소? 우선 헤어나오는 게 중요하지. 그렇지 않으면 빠져 죽어요."

위 인용문은 영국의 작가 서머싯 몸William Somerset Maugham이

1919년 발표한 소설 《달과 6펜스》에서 주인공과 화자 사이에 오고간 대화이다. 이 소설은 유명한 프랑스의 인상파 화가 폴 고갱 Paul Gauguin을 모델로 쓴 것이다.

소설의 주인공은 런던의 주식중개인으로, 부유하지만 지극히 평범하고 따분한 생활을 하던 40대 남자다. 아름답고 사교적인 아내와 두 자녀가 있는, 겉보기에는 행복하게 보이는 중산층이었다. 그런데 그는 갑자기 집을 뛰쳐나와 파리의 몽마르트르 뒷골목 싸구려 하숙집에서 빈곤한 생활을 하며 그림 공부를 시작했다. 그는 여자 문제로 집을 나갔을 것이라는 풍문과는 달리 더 늦기 전에 정말 하고 싶었던 그림을 그리고 싶어 가정과 직장을 버린 것이었다.

그는 온갖 시련 끝에 47세에 드디어 원하던 타히티 섬으로 건너갔다. 농장에서 일하며 그림을 그리던 중, 그를 열렬히 사랑하는 처녀와 결혼해서 자녀까지 두었다. 이로부터 죽을 때까지의 3년간이 그에게는 가장 행복한 시절이었다. 그러나 나병에 걸린 그는 마지막 힘을 다하여 방의 천장과 벽에 그림을 그렸다. 죽기 1년 전에는 눈까지 완전히 멀었지만 영혼을 뿌리로부터 뒤흔들어놓은 듯한 무서운 매력을 발산하는 이 벽화는 천재만이 이루어낼 수 있는 것이었다. 그는 여기에 비로소 자기 자신을 샅샅이 드러내고 인생의 전부를 표현했다. 하지만 이 벽화는 그가 죽은 뒤 부인이 그의 소원대로 집에 불을 질러, 결국 잿더미로 변하고 말았다.

이 작품은 발표되자마자 세간에 많은 관심과 논란을 몰고 왔다. 그 논란은 대체로 두 가지로 집약되는데 첫째는 '도대체 아름다운 아내와 부유한 삶을 살던 사람이 왜 모든 것을 포기하고 그림을 그려야만 했나?'와 같이 급격한 그의 행동 변화를 가져온 원인에 대한 궁금증이었다. 둘째는 '하고 싶은 일을 하겠다고 가정과 직장을 버려도 될 것인가?'라며 그가 한 행동의 도덕성을 따지는 것이었다.

도덕성에 대한 논쟁을 잠시 접어두면, 주인공의 급격한 행동 변화는 바로 중년의 특징을 잘 보여주고 있다. 사실 우리 주위에는 이 소설의 주인공처럼 극적인 변화를 겪는 것은 아닐지라도 중년에 이르러 지금까지의 삶에 변화를 꾀하려는 사람들이 많다. 잘 다니는 것처럼 보이던 직장을 자기 사업을 하겠다고 그만두거나, 원만한 결혼생활을 하고 있는 것처럼 보이던 친구가 느닷없이 이혼을 하겠다고 찾아오는 경우가 그렇게 드문 것은 아니다.

중년에 접어든 사람들은 대개 공통적인 반응을 보인다. 첫 번째 반응은 '부정'이다. 자신이 아직 젊었다고 강변하면서 늙었다는 것을 거부한다. 하지만 결국 시간을 이길 수는 없기 때문에 자신이 늙어간다는 것을 받아들이게 되고 '타협의 단계'로 들어간다. 이제 자신이 늙어가고 있음을 인정하고, 한편으로는 자신의 삶을 돌아보면서 지금까지는 자신이 진정으로 하고 싶었던 일을 한 것이 아니라 단지 자신에게 주어진 역할을 열심히 하면서 살았을 뿐이라는 것을 깨닫게 된다. 그리고 노년이 되면 아무것도 할 수 없을 것이므로 마지막으로 조금이라도 힘과 자원이 남아있을 때 자신이 진짜 하고 싶었던 일을 하려는 절박한 심정을 가지게 된다. 그리고 그 일을 끝마칠 수 있도록 기회와 시간을 달라는 간절한 마음으로, 신과 같은 절대자에게 그런 기회를 한 번만 달라고 타협하게 된다. 이들의 절박한 심정은 "'한 번만 더' 기회를 달라"라는 간절한 호소로 요약할 수 있다.

앞에서도 이야기했지만 중년은 '중간평가'의 시기이다. 과거와 미래를 동시에 조망할 수 있는 중년은 '지금-여기'의 삶이 과연 자기가 꿈꾸었던 삶인지에 대해 평가한다. 젊은 시절에는 현재의 삶에 불만이 있더라도 더욱 열심히 노력하면 미래에는 꿈을 이룰 수 있을 것이라는 '희망'이 있기에 현재의 어려움을 이겨나갈 수 있다. '지금은 비록 힘들지만, 열심히 일하면 미래는 밝을 것이다'라는 믿음을 가지고 오늘도 사람들과 부대끼면서 만원의 지하철에 몸을 싣는다.

하지만 중년이 되면 이제는 더 이상 젊었을 때의 꿈이 실현될 수 없다는 것을 절실히 깨닫게 된다. 삶이란 것이 자신의 노력만으로 이루어지는 것이 아니라는 슬픈 현실을 이미 충분히 경험했기 때문이다. 그리고 비록 외형적으로는 꿈을 이루었을지라도 그것이 사실은 자신이 진정으로 원한 것이 아니라는 것을 처절하게 깨닫는다. 다른 사람들로부터 오는 인정이나 부와 명예와 같은 것들은 자신의 진정한 꿈을 포기한 대가로 얻은 슬픈 전리품에 불과하다는 것을 깨닫는 것이다. 더 이상 꿈을 이룰 수 없고, 앞으로는 암담한 노년기와 죽음만이 기다리고 있다면 지금까지 열심히 살아온 자신이 너무나 측은하다는 '자기 연민'에 빠진다.

지금의 삶이 비록 사회적으로는 성공했다고 할지라도, 자신이 정말 하고 싶은 일이 아니라는 자각과, 노년기를 앞두고 시간이 얼마 남지 않았다는 현실적 고려가 중년을 절박하게 만든다. 한 번밖에 살 수 없는 삶이라면 더 이상 책임과 의무감으로 사는 것이 아니라 진정 자신이 원하는 것을 하면서 살고 싶은 마음이 들게 된다.

"잘해야 삼류 이상은 못 된다고 해 봐요. 그걸 위해 모든 것을 포기할 가치가 있단 말인가요? 다른 분야에서는 그렇게 뛰어나지 않아도 문제 되지 않아요. 그저 보통만 되면 안락하게 살 수 있어요. 하지만 화가는 달라요."

이 말에 함축되어 있는 '안락함'이 청년들이 추구하는 삶이고 일반적인 성공의 잣대이다. 하지만 작가는 이 삶은 '6펜스'에 불과한 것이라고 상징적으로 표현하면서 진정한 삶의 목표가 될 수 없다고 에둘러 이야기한다.

"나는 그림을 그려야 한다지 않소. 그리지 않고는 못 배기겠단 말이요. 물에 빠진 사람에게 헤엄을 잘 치고 못 치고가 문제가 되겠소? 우선 헤어나오는 게 중요하지. 그렇지 않으면 빠져 죽어요."

물에 빠진 사람의 절박한 마음으로, 그림으로 상징되는 정말 자신이 하고 싶은 일을 하겠다는 것이 중년의 애절한 호소이다. 자신이 정말 하고 싶었던 일은 낮에는 보이지 않는 달처럼, 뚜렷하게 빛을 발하지 못하고 내면에 가라앉아 있었다. 하지만 달은 오늘밤에도 어김없이 떠올라 흐릿하게 빛나고 있다. 그리고 내면에서 속삭인다. '네가 정말 원하는 삶을 살아라.' 중년은 이 갈림길에서 방황한다.

심리적인 자식이 많을수록
행복하다

청년기를 지나 중년에 다다르면 사람들은 일반적으로 자신이 늙어간다는 사실을 부정한다. 그리고 아직도 젊다는 것을 자신과 다른 사람에게 인정받기 위해 다양한 시도를 하기도 한다. 그 과정에서 자신과 주변 사람들에게 큰 상처를 주는 경우도 종종 볼 수 있다. 그러나 결국 자신이 더 이상 젊지 않다는 것을 인정할 수밖에 없게 되면 타협을 하게 된다. 한 번밖에 살 수 없는 인생을 이제는 정말 자신이 원하는 것을 하면서 살 수 있도록 '한 번만 더' 기회를 달라고 애절하게 기원한다. 그리고 더 늙기 전에 자신이 원하는 삶을 살려고 애쓴다.

중년들이 이처럼 늙어가는 것을 부정하고 타협을 하면서 자신이 원하는 것을 하려는 것은 마음속 깊이 존재하는 죽음에 대한 두려움을 부인하고 영생하려는 마음의 발로이다. 당연히 모든 생명체는 죽음을 두려워하고 피하고 싶어 한다. 사실 사람뿐만 아니라 모든 생명체는 이 땅에서 하루라도 더 살 수 있는 방법을 찾으며 진화해왔다. 다만 다른 생명체는 자신이 죽을 것이라는 사실을 절절히 느끼지 못할 뿐이다.

모든 생명체는 나름대로 영생하는 길을 찾는다. 여기서 중요한 것은 죽지 않고 계속 살아 있는 "나는 과연 누구인가?"하는 것이다. 생물학에서는 죽지 않고 살아가는 주체가 바로 유전자이다. 나의 유전자가 살아 있다면 나의 일부가 계속 살아 있는 것이 된다. 모든 생명체의 가장 중요한 목적은 번식을 통해 자손을 많이 남기는 것이다. 자손을 많이 남긴다는 것은 생물학적으로는 자신의 유전자를 많이 남긴다는 것을 의미한다. 나는 비록 죽지만 나의 유전자를 통해 계속 살아 있는 것이다.

죽는다는 것은 생명이 끊어진다는 것뿐만 아니라 내가 하고 있는 일을 더 이상 하지 못한다는 것을 의미한다. 또 내가 이루려고 했던 꿈과 이상도 더 이상 실현하지 못한다는 것이다. 늙어간다는 것은 자신의 일을 할 수 있는 신체적 힘이 약해진다는 것을 의미하기 때문에 두렵고 싫은 것이다. 더 이상 자신의 꿈을 실현시킬 수 없다면 심리적으로는 죽는 것이나 다름없다. 예를 들어 전도가 양양하던 젊은 정치인이 수치스러운 스캔들에 휘말려 더 이상 정치를 할 수 없을 때 우리는 그 사람의 '정치생명'이 끝났다고 표현한다. 즉 정치적으로는 더 이상 자신의 꿈을 펼칠 수 있는 기회가 없기 때문에 정치적으로는 죽은 것이다. 사회적으로 '매장 당한다'는 표현도 사회적으로 더 이상 자신의 꿈을 실현시킬 수 없게 되므로 죽음이나 다름없다는 것을 표현한다.

'만물의 영장'이라 할 만큼 뛰어난 이성을 가지고 있는 인간이 죽음을 두려워하는 것은 지극히 당연한 현상이다. 한편으로는 만물의 영장이 된 대가로 다른 동물과는 비교도 안 될 만큼 절박한 죽음의 공포를 가지게 되었다는 것이 모순이기도 하다. 그러나 죽음에 대한 공포는 그만큼 커서, 사람들에게 '영원히 젊고, 영원히 죽지 않을 것'이라는 소망을 충족시켜주는 다양한 방법들이 끊임없이 나타날 것이다.

젊었을 때는 자신을 포함해 살아 있는 모든 생명체가 언젠가는 죽는다는 것을 단지 하나의 객관적 사실로서 알고 있을 뿐이다. 그렇지만 죽음이 자신에게도 온다는 것을 구체적으로 실감하지는 못한다. 그렇기 때문에 젊은이들은 마치 죽음을 초월한 듯한 태도로, 때로는 죽음을 희롱하기까지 한다. 하지만 중년이 되면 이제 죽음이 단지 추상적이거나 남에게만 일어나는 일이 아니라는 것을 몸의 변화를 느끼면서 실감하게 된다. "몸이 예전 같지 못하다"라는 말을 시작하는 순간 죽음이 바로 곁에 와 있다는 것을 느끼게 되는 것이다.

우리의 마음은 이성의 작동이 끝나는 지점에서부터 그 진가를 발휘한다. 그리고 죽지만, 죽지 않고 영생할 수 있는 방법을 찾아낸다. 생물학적 방법뿐만 아니라 심리적, 문화적 방법 등 모든 가능한 방법을 동원해 자신이 영원히 죽지 않는다는 소망을 충족시키려고 노력한다. 그 중에서도 가장 확실한 방법은 자식을 통해 생물학적으로 '영생'하는 것이다. 다시 말하면, 유전자를 자식에게 전해줌으로써 자신의 일부가 계속 살아 있다고 느낄 수 있다. 유전적으로 보면, 자식들은 부모의 유전자를 각각 절반씩 가지고 있다. 손자녀는 1/4씩 가지고 있다. 결국 생물학적으로는 자식을 통해 계속 살아 있게 된다.

중년기에는 자식이 더욱 중요해진다. 물론 젊었을 때도 자식은 중요하다. 젊은 부모들도 자식을 위해서는 모든 것을 희생하며 헌신한다. 하지만 젊었을 때의 자녀와 중년기의 자녀는 그 의미가 다르다. 부모가 젊었을 때 자녀는 애정의 대상이고, 양육동기를 만족시켜주는 대상이다. 하지만 중년기의 자녀는 자신이 이루지 못한 꿈과 정신을 계속 이루어줄, 자신을 심리적인 죽음으로부터 구해줄 대상이 된다.

TV 다큐멘터리 프로그램 중에는 부자가 같은 직업에 종사하는 경우를 보여주는 것이 있다. 예를 들면, 한평생 자개장롱을 만드는 장인의 길을 걸어온 아버지는 아들이 그 일을 계속 이어가주길 바란다. 하지만 젊은 아들은 그 일이 시대에 뒤떨어진 것이라고 여기고, 다른 젊은이들처럼 대기업에 취업하기를 꿈꾼다. 그러다 얼마간 회사생활을 한 아들이 결국 아버지의 뜻을 이해하고 집으로 돌아와, 아버지 곁에서 대를 이어 장인의 길을 간다. 이 모습을 흐뭇하게 바라보는 아버지의 모습은 시청하는 사람들의 마음까지 따뜻하고 흐뭇하게 만든다. 자신이 한평생 소중하게 여겨온 필생의 업을 자식이 이어가는 것을 보는 부모의 마음은 단순한 대견함을 넘어 대를 이어 가업이 지속되는 것을 확인하는 안도감도 크게 배어있다.

따라서 중년의 부모는 자녀의 성공을 위해 자신의 모든 자원을 동원하여 도와준다. 자신의 꿈과 일을 자녀를 통해 이어가려는 중년으로서는 당연한 일이다. 자녀가 잘되는 것이 결국 자신이 잘되는 것이고, 궁극적으로는 생물학적 죽음을 뛰어넘어 계속 살아있는 것이 되므로, 중년은 '아낌없이 주는 나무'의 모습으로 살아간다.

사람의 마음은 여러 가지 마술을 부린다. 비록 생물학적 자녀가 없다고 해도 상징적 자식은 얼마든지 가질 수 있다. 예를 들면, 학자의 자식은 학생들이다. 학자로서의 연구와 학문적 업적은 제자를 통해 얼마든지 이어갈 수 있다. 그런 의미에서 학생들은 심리적 자식인 셈이다. 사업가에게는 자신이 모든 것을 바쳐 이룩한 기업을 계속 성장시킬 수 있는 후계자가 자식이 된다. 기업가는 자신이 정한 후계자가 기업을 계속 성장시킬 수 있도록 자신의 경험과 자원을 모두 제공한다.

한평생 결혼하지 않고 빈민들을 돌보며 살아온 테레사 수녀에게는 자신이 세운 수도원을 계속 운영하고, 자신의 정신을 계승

할 후배 수녀들이 자식이 될 수 있다. 이런 의미에서 심리적 자식은 얼마든지 가질 수 있다. 한 번도 만난 적이 없는 사람이라도 심리적으로는 자식이 될 수 있다. 세계 도처에서 테레사 수녀의 숭고한 정신을 이어받아 빈민들을 돌보며 살아가는 사람들은 다 자식이 될 수 있다. 테레사 수녀는 그들이 자신의 정신을 잘 이어나갈 수 있도록 직접 또는 간접적인 방법으로 도와줄 수 있다.

그러므로 심리적인 자식이 많은 사람은 진정으로 행복한 사람이다. 그는 자신의 일과 꿈이 계속 이어질 것이라는 희망으로 살아갈 수 있기 때문이다. 그리고 이제는 자신이 직접 꿈을 실현하려는 욕망을 내려놓고 자식들이 잘되도록 도와줄 수 있다. 이처럼 중년의 진정한 멋과 아름다움은 자신의 것을 아낌없이 내어주는 '배려'에 있다.

젊은이들은 "나에게 복을 주셔서 내 꿈을 이룰 수 있게 해주시옵소서"라고 기도한다. 이들에게는 자신이 직접 꿈을 이루는 것이 중요하다. 하지만 중년의 위기와 갈등을 잘 극복한 성숙한 중년은 "나에게 남은 복이 있다면 이제는 내 자식에게 주시옵소서"라고 기도한다. 나보다는 내 자녀들이 더 잘 되는 것이 중요하다. 성공의 주체가 '나'에서 '자녀'로 바뀌는 시기가 중년이다.

부정적인 감정도
표현해야 한다

　많은 중년의 부부들이 갈등을 겪는다. 중년은 우리 삶에서 문자 그대로 가운데에 해당하는 시기이다. 그렇기 때문에 현재의 삶에서 부족한 것은 보충하고 부정적인 것은 개선하여 앞으로의 삶을 더욱 즐겁고 보람 있게 하려는 노력을 하게 된다. 이 과정에서 상대방의 흠을 보거나 비난하는 대화가 오가기 쉽다. 상대에게 부족한 점이라든지 그동안 참았던 것들을 지적하고, 수정하도록 권유하는 일이 잦아지기도 한다.

　한편 부모로서의 중년은 자녀들이 자신에게 부정적인 표현을 하면서 반항하는 것을 참기 어려워한다. 청소년 자녀는 어른이 되는 과정에서 사사건건 부모와 대립하게 된다. 마치 부모에게 저항하는 것이 삶의 유일한 목표인 양 부모의 마음을 후벼 파는 가슴 아픈 소리를 해댄다. "아빠(엄마)가 나한테 해준 게 뭐가 있어?" "난

엄마(아빠)처럼은 살지 않을 거야"라면서 마치 부모가 제대로 부모 노릇을 못 했다는 듯 비난하거나, 실패한 삶을 살았다는 듯이 빈정대는 말을 하기도 한다. 자녀들이 이렇게 부모들의 흉을 보면서 대들 때는 "과연 내 자식이 맞나?" 싶을 정도로 충격을 받을 수밖에 없다. 특히 어머니들은 "내가 자식을 잘못 가르쳤다"라며 죄책감과 연민을 느끼기도 한다. 아버지들은 지갑 속에 간직한 자녀들의 어린 시절 사진을 보면서 혼자 긴 한숨을 내쉬기도 한다. 사진 속의 어린 자녀는 "아버지가 세상에서 제일 좋아"라는 듯 활짝 웃고 있다.

전통적인 문화에 길들여진 어른들은 대체로 감정을 표현하는 데 서툴다. "침묵은 금이고 웅변은 은이다"라는 격언을 배운 세대답게 감정을 속으로 삭이는 것에 더 익숙하다. 특히 남자들은 감정을 표현하는 것은 "남자답지 못하다"는 말을 어렸을 때부터 귀에 못이 박히도록 듣고 자랐다. 그래서 '사내대장부'라면 비록 혼자 눈물을 흘릴지언정 사람들 앞에서는 항상 당당하고 강한 모습을 보여야 한다고 교육받았다. 뿐만 아니라 부정적인 감정을 표현하는 것은 금기시되어 있다. 그래서 자신의 부정적 감정을 효과적으로 표현하는 방식을 배우지 못했을 뿐 아니라, 상대방이 부정적인 감정을 표현할 때 효과적으로 대응하는 방법도 배운 적이 없다. 그렇기 때문에 배우자나 자녀들이 부정적인 감정을 표현하면 많이 당황하고 화가 난다. 나름대로는 열심히 살았다고 느끼고 있는데 자녀나 배우자로부터 부정적인 평가를 받으니 울화가 치밀고 다 집어치우고 싶은 마음이 들기도 하는 것이다.

하지만 감정을 자연스럽게 표현하고 주고받는 것은 가족 사이에서뿐만 아니라 모든 인간관계를 잘 맺는데 필요한 핵심적인 요인이다. 감정을 자유롭게 주고받을 때 두 사람 사이에 친밀한 관계가 이루어진다. 따라서 긍정적 감정은 말할 것도 없고, 부정적 감정도 표현하고 받아들이는 훈련이 필요하다. 부정적 감정을 피하거나 억누를 것이 아니라, 직면하고 표현하는 것이 오히려 빨리 긍정적 감정을 느끼도록 도와주는 지름길이 된다. 나와 다른 사람의 부정적 감정을 효과적으로 표현하고 대처하는 방법을 터득하면, 오히려 그것은 인간관계의 활력소가 된다.

그렇다면 남편과 부인처럼 가까운 사이끼리 서로 흉을 보는 이유는 뭘까? 많은 사람들이 흉을 보는 이유는 상대방을 미워하기 때문이라고 생각한다. 그렇기 때문에 가족이나 친구 등 가까운 사람들끼리는 무조건 서로 용서하고 잘못을 감싸주는 것이 좋다고 생각한다. 하지만 이런 생각은 흉보는 이유를 반만 알고 있는 것이다. 부부 사이나 부모 자녀 사이에 정말 미운 감정만 있다면 오히려 흉을 보지도 않는다. 미워한다면 관계를 개선할 필요를 느끼지 않을 것이고, 단지 무관심해질 것이다. 미워하는 것도 관심이 있기 때문이다. 관심이 있는 대상에 대해서는 긍정적 관계를 맺고 싶은 것이 인지상정이다.

결국 가까운 사람에 대해 흉을 보는 진정한 이유는 서운하거나 미운 감정을 빨리 풀고 다시 좋은 관계로 돌아가고 싶기 때문이다. '미운 정 고운 정'이란 말도 있듯이, 오직 좋은 점만 있는 사람은 없다. 모든 것은 상대적인 것이고 한 사람에게 대해서도 긍정적인 면과 부정적인 면이 동시에 있기 마련이다. 또 관계가 항상 좋을 수만은 없다. 어제는 좋았지만 오늘은 나쁠 수도 있고, 그 반대일 수도 있다. 다만 부정적인 면보다 긍정적인 면이 더 크거나 많으면 상대방을 전반적으로 좋게 평가하는 것이고, 반대로 부정적인 면이 더 크거나 많으면 나쁘게 평가하는 것이다. 그렇다면 상대방을 다시 좋아하게 되는 방법은 부정적 감정을 표현하여 해소하는 것이다. 화는 적절히 표현하면 반으로 줄어들게 된다.

다양한 사람들과 개인 및 집단상담을 진행해오면서 내가 확인하게 된 한 가지 공식이 있다. 그것은 마음속에 간직하고 있던 부정적 감정을 속 시원히 표현하고 해소하면 반드시 긍정적 감정이 뒤이어 나온다는 것이다. 거의 모든 사람들이 배우자의 흉을 마음껏 본 다음에는 "그래도 그에게 좋은 점이 많다"라고 이야기하고, 자식 때문에 속상했던 마음을 다 털어놓은 부모들은 꼭 자녀에 대한 칭찬으로 끝을 맺곤 한다.

우리는 보통 다른 사람이 어떤 사건이나 인물에 대해 부정적인 감정을 나타내면 가능한 빨리 위로를 하거나 참으라고 하면서 부정적 감정의 표현을 막으려고 한다. 아마도 부정적 감정을 계속 토로하게 놓아두면 끝이 없거나 혹은 더욱 감정이 격해질까 봐 염려가 되어서일 것이다. 하지만 값싼 위로나 억압을 하면 부정적인 감정이나 평가가 없어질까? 아버지에 대해 불만을 가지고 있는 자녀에게, 어머니가 "어떻게 아버지를 미워할 수 있느냐?"라고 꾸중하면 그 감정이 없어질까? 공개적으로 표현하지 않을 뿐이지 마음속에는 계속 불편한 감정을 가지고 있게 될 것이다. 그리고 점점 어머니에게조차도 자신의 속마음을 터놓지 않게 될 것이다.

한 시간도 넘게 그동안 아버지에 대해 느낀 부정적 감정을 실컷 쏟아낸 한 청년이 있었다. 마음 놓고 아버지 흉을 본 후 그는 약간은 허탈한 듯 이야기를 멈추었다. 나는 잠시 뜸을 들인 후 그에게 물었다. "만약 지금 앞에 아버지가 앉아 있다고 가정해보자. 아버지가 너에게 뭐라고 해주었으면 좋겠니?" 그러자 그는 망설이지도 않고 "미안하다"라고 말해주면 좋겠다고 대답했다. 그래서 나는 "오늘은 내가 아버지의 역할을 해줄게"라면서 그의 앞으로 가서 어깨를 감싸주며 "○○아, 그동안 나 때문에 많이 힘들었구나, 미안하다"라고 말해주었다. 그러자 지금까지 참아왔던 설움이 폭발한 듯 그는 갑자기 걷잡을 수 없이 오열하기 시작했다.

얼마간의 시간이 흘렀을까? 실컷 울고 난 후 그 학생은 나에게 "아버지, 저도 미안해요"라며 울먹이는 것이 아닌가? 그러고는 이어서 "아버지, 사랑해요"라고 말했다. 상담이 끝난 후 그는 휴대전화로 아버지에게 전화를 걸어 "미안하고, 사랑한다"는 자신의 솔직한 심정을 전했다. 그 후, 그는 참으로 오랜만에 아버지와 허심탄회하게 대화를 하였다며 "십 년 묵은 체증이 내려갔다"라고 전해주었다. 흉보는 것을 나쁘게 생각하지 말자. 오히려 마음 놓고 충분히 흉을 볼 수 있게 분위기를 만들어주자. 그것이 좋은 관계를 복원하는 지름길이다.

우리는 왜
서로의 마음을 모를까

판소리는 1964년 12월 '중요무형문화재 제5호'로 지정되었으며, 2003년 11월 유네스코 '인류구전 및 세계무형유산걸작'으로 선정되어 세계무형유산으로 지정되었다. 그만큼 어디에 내놓아도 자랑스러운 우리의 전통 음악이다. 판소리에는 세계 어느 음악에서도 찾아볼 수 없는 독특한 특징이 있다.

판소리의 가장 큰 특징은 극에 등장하는 여러 인물들을 명창 한 사람이 다 맡아서 부른다는 것이다. 예를 들어, 오페라나 뮤지컬에는 각각의 배역을 담당하는 가수가 정해져 있고, 자신의 역할만 노래하면 된다. 하지만 판소리 〈춘향가〉에서는 명창 혼자서 춘향이도 됐다가 몽룡이도 됐다가 방자와 향단이가 되기도 한다. 〈춘향가〉를 완창하는 데는 8시간 30분쯤 소요된다. 보통 짧은 판소리 한 마당을 완창하는 데도 세 시간 이상이 걸린다. 놀랍게도 26세의 명창 이다은 씨가 2017년 판소리 다섯 마당을 13시간 동안 완창해 국내와 세계 기네스 도전에 성공했다는 소식도 있다.

그렇다면 판소리 명창은 도대체 어디에서 나오는 힘으로 혼자 대여섯 시간 여러 배역을 넘나들며 소리를 할 수 있을까? 판소리에서 소리하는 창법이나 오페라에서 노래하는 창법의 차이에서 올 수도 있고, 명창의 피나는 노력과 훈련의 덕분일 수도 있다. 하지만 판소리와 오페라에서의 가수와 청중 간의 의사소통 양식을 보면 현격한 차이가 있다. 보통 오페라를 위시한 서양 음악에서 청중은 무대 위에서 진행되는 연주에 몰입하고 감상한다. 그 과정에서 청중은 가능하면 아무 소리도 내지 않고, 연주자들이 자신의 연주에 몰입할 수 있도록 조용한 분위기를 만들어주도록 노력한다. 기침 소리는 물론 숨소리조차 죽여주는 것이 올바른 감상 태도이다.

이에 비하면, 판소리에서 청중은 명창의 소리에 몰입하고 감상하는 것은 동일하지만, 자신이 소리에 몰입하고 있다는 것을 적극적으로 표현하는 것이 오히려 올바른 감상 태도라고 여겨진다. 이렇게 활발하게 상호작용하는 분위기 속에서 명창 스스로도 청중과 하나가 되었다는 느낌을 받아 더욱 힘이 나서 소리를 할 수 있게 된다.

판소리를 즐겨 듣는 사람들 가운데 단순한 애호가 수준을 넘어 소리에 대한 정확한 이해와 지식을 바탕으로 소리를 제대로 감상할 줄 아는 능력을 가진 사람을 '귀명창'이라고 까지 부른다. 명창에 버금간다 해서 '귀명창'이라고 하는데, 명창은 귀명창으로부터 에너지를 받아야 좋은 공연을 할 수 있다고 할 정도로 귀명창의 존재는 중요하다. "귀명창이 좋은 소리꾼을 낳는다"는 말이 있을 정도로 판소리에서 중요한 존재이다. 즉, 청중과의 적극적인 소통이 명창에게는 아주 중요한 에너지 원천이 된다. 그래서 "일청중一聽衆, 이고수二鼓手, 삼명창三名唱"이라는 말까지 있다.

명창과 더욱 더 적극적이고 긴밀한 의사소통을 하는 역할을 하는 사람이 '고수鼓手'이다. 판소리에서 고수의 역할은 단순한 반주자의 역할에 그치는 것이 아니고, 소리의 장단과 강약을 조절해서 소리가 빨라지거나 느려지는 것을 보완하기도 하고, 추임새로써 명창과 청중 사이에서 소리판의 분위기를 이끌어가기도 하며, 명창이 사설을 잊어버렸을 때 빨리 사설을 일러주기도 해야 하고, 명창의 상대 역할도 해야 하는 등, 그 기능과 역할이 중요하고도 어렵다. 고수가 이 역할을 얼마나 잘 해주느냐에 따라 명창의 소리가 달라지고 힘을 얻을 수 있는지의 여부가 결정된다.

고수가 명창과 나누는 의사소통은 북장단 외에 주로 '추임새'를 통해 이루어진다. 추임새는 소리 도중에 고수 또는 청중이 발하는 "얼씨구" "좋다" "잘 헌다" "으이" "그렇지" "아먼(암)" 등의 감탄사를 가리키는데, 물론 판소리뿐만 아니라, 민요나 잡가 등 다른 우리의 소리에서도 볼 수 있다. 추임새는 자기 흥에 겨워 함부로 하는 것이 아니라, 진행되는 소리의 분위기와 감정에 알맞게 그리고 적당한 순간에 해야 그 효과가 극대화된다. 따라서 소리가 슬플 때에는 추임새도 슬프게 해야 하며, 즐거운 대목에서는 추임새도 힘차고 흥겹게 해야 한다. 그래서 청중을 대신하여 전문적으로 이 추임새를 넣어주는 고수를 잘 만나야 흥이 나고 명창은 청중과 혼연일체가 되는 감흥을 맛보게 된다.

만약 고수가 적당한 시기에 추임새를 넣지 않거나, 현재 명창이 표현하고 있는 대목의 감정과 일치하지 않는 추임새를 넣는다면 명창은 점점 고수를 신뢰하지 못하게 되고, 고수가 이끌어주는 대로 따라가지 못하기 때문에 힘이 많이 들 수밖에 없다.

한국적 정서를 잘 살린 명화로 꼽히는 임권택 감독의 영화 〈서편제〉에서도 고수의 중요성을 강조하는 대목이 잘 그려져 있다. 고수의 역할에 불만이 많아 열심히 연습하지 않는 아들을 꾸짖으며 아버지가 일갈을 한다. "북을 치기만 한다고 다 고수가 아니다. 고수는 소리길을 닦아주는 사람이다. 고수가 소리길을 잘 닦아주어야만 명창이 안심하고 그 길을 갈 수 있다."

대화를 잘 하는 사람은 말을 많이 하는 사람이 아니라 상대방이 말을 많이 하도록 유도하는 사람, 즉 '말길'을 잘 열어주는 사람이다. 이런 의미에서, 판소리에서의 고수의 역할을 잘 하는 사람이 대화를 잘 하는 사람이다. 좋은 고수가 되기 위해서는 첫째, 자신의 역할은 소리를 하는 것이 아니라, 명창이 소리를 잘 하도록 돕고 이끌어주는 것이라는 점을 정확히 알아야 한다. 둘째, 명창의 소리를 잘 들어주는 것이다. 잘 듣는다는 소리의 내용뿐만 아니라, 소리의 내재되어 있는 감정을 공감하는 것이다. 셋째는 추임새를 적재적소에 넣어 자신이 명창의 소리에 공감하고 있다는 것을 알려주어야 한다.

대화를 잘 하는 사람도 마찬가지이다. 대화를 잘 하려면 첫째, 자신의 역할이 말을 하는 것이 아니라, 상대방이 말을 잘 하도록 도와주는 것이라는 것을 깨달아야 한다. 둘째, 그러기 위해서는 상대방의 말을 경청해야 한다. 말의 내용보다도 말하는 사람의 감정을 잡아내고 그 감정에 공감할 수 있어야 한다. 셋째로 자신이 감정적으로 공감하고 있다는 것을 정확히 표현하고 상대방에게 전달할 수 있어야 한다. 한 마디로 하면, 대화를 잘 하는 사람은 상대방이 자신의 마음속에 있는 감정을 계속 표현할 수 있도록 '말길'을 닦아주는 사람이다.

'부부간의 갈등'을 주로 다루는 드라마에서 뽑은 한 부부의 대화를 인용해보자. 남편은 회사에 다니고 월급을 받아 오며, 전업주부인 부인은 이 수입으로 알뜰히 살림하는 지극히 평범한 가정이다. 어느 날, 퇴근한 남편이 서류가방을 소파에 던지며 약간 화난 듯이 말한다.

남편: 에이, 내일부터 회사 안 간다.
부인: (놀라며) 그럼 우리 집은 뭐 먹고 살게요?

남편: (조금 큰 소리로 화를 내며) 내가 돈 버는 기계야?

부인: (더 안타까운 듯이) 당신 혼자 회사 다녀요?

    이 대화는 결국 남편이 화를 버럭 내면서, "당신하고 이야기하느니 차라리 벽 보고 이야기하는 게 더 낫겠다"라고 말하며 안방으로 들어가는 것으로 끝났다. 왜 이런 결말이 나왔을까? 부인의 입장에서는 당황스러울 것이다. 왜냐하면 자신이 한 말이 하나도 틀리지 않은 '옳은' 말이기 때문이다.

    남편의 입장에서는 자신의 '마음'을 몰라주는 부인이 야속하다고 느끼면서 화가 났을 것이다. 이런 식의 대화가 계속되면, 이 부부는 점차 깊은 속마음을 주고받는 대화를 하지 않게 될 것이고, 결국에는 대화가 끊어지게 될 것이다.

    부인의 잘못은 틀린 말을 했다는 것이 아니다. 오히려 부인은 아주 옳은 이야기를 했다. 부인이 이해하지 못하는 것은 남편이 화내는 이유가 자신의 마음을 몰라주는 부인에 대한 야속함에 있다는 것이다. 즉, 부인은 "회사에 안 간다"는 말의 내용에만 관심을 기울이고, 그런 말을 하는 남편의 마음, 즉 감정에는 반응하지 않았다. 이런 경우, 거의 대부분의 남편은 화가 난다. 사실 자신이 회사에 안 다니면 가정이 어려워질 것이라는 것을 몰라서 "회사에 안 간다"고 이야기하는 남편은 없기 때문이다.

    이 대화를 다른 식으로 해보자.

남편: 에이, 내일부터 회사 안 간다.

부인: 당신 오늘 회사에서 속상했나 보네요.

남편: 그래. 왜 우리 과에 김 대리 있잖아?

부인: 아, 김 대리 때문에 화가 났군요?

아마도 위 대화처럼 부인이 남편의 감정에 주위를 기울이고 "속상하다" "화가 난다" 등 남편의 감정에 공감한다는 표현을 했다면 남편은 회사에서 있었던 일들에 대해 부인에게 이야기하면서, 그 과정에서 스스로 감정을 해소했을 것이다. 물론, 그다음 날 부인이 채근하지 않아도 출근했을 것이다.

이처럼 대화에서도 '추임새'가 필요하다. 적절한 시간에 적당히 이루어지는 추임새는 대화의 윤활유 역할을 하고 흥이 나게 하는 마법의 힘을 가지고 있다. 친구들 사이에 간단한 대화에서도 추임새를 잘 넣어주는 고수가 절실히 필요하다. 가정도 마찬가지이다. 우리 모두 자신이 명창이 되려고 애쓰기 때문에 힘이 들 뿐만 아니라, 들어주는 사람이 없고 서로 목청껏 외치기만 하는 '소음만 있고 소통이 없는 가정'이 된다.

사랑이 상하면 지배가 된다

몸이 잘 자라려면 음식을 통해 영양소가 계속 공급되어야 한다. 아무리 크게 자랄 유전적 잠재력을 가지고 태어났어도 자양분이 지속적으로 제공되지 않으면 그 잠재력만큼 키가 크지 못한다. 마찬가지로 마음의 잠재력도 계속 자양분이 제공되지 않으면 크게 성장하지 못하고 어린이와 같은 마음으로 머물게 된다. 이런 어른을 성인아이 adult-child 라고 부른다.

마음을 성장시키는 자양분은 사랑을 통해 공급된다. 하지만 사랑을 많이 준다고 잠재력이 실현되는 것은 아니다. 몸에 좋은 건강한 음식과 몸에 해로운 상한 음식이 있듯이, 사랑에도 성장하는 데 도움이 되는 건강한 사랑과 오히려 방해가 되는 상한 사랑이 있다. 건강한 사랑과 상한 사랑을 구별하는 방법을 분명히 알고, 건강한 사랑만을 지속적으로 주어야 한다.

'건강한 사랑은 어떤 것일까?'라는 질문은 '사랑은 어떤 것인가?'라는 질문처럼 수많은 답을 가지고 있다. 수많은 답이 있다는 것은 역설적으로 어느 것도 정답이 아니라고도 할 수 있다. 하지만 '잘 자라게 하는 자양분'이라는 관점에서 보면 쉽게 답을 할 수 있다. '잘 자라는 것은 잠재력을 가능한 한 많이 실현하는 것이다'라고 정의한다면, 그것을 도와주는 것이 바로 '사랑'이다.

우리 모두는 많은 가능성, 즉 잠재력을 가지고 태어난다. 하지만 그 잠재력을 충분히 실현하고 사는 사람들은 그렇게 많지 않다. 그 이유는 '불신不信'과 '두려움'때문이다. 우리는 자신의 삶을 스스로 선택하고 책임지는 힘을 기르는 교육을 충분히 받지 못한다. 부모와 교사를 비롯한 사회가 요구하는 방식으로 살아가는 것이 더 현명한 것처럼 생각하도록 교육받는다. 어려서부터 이런 교육을 받고 자라나면 결국 자신의 방식대로 살기보다는 타인의 평가에 더 많이 의존하는 삶을 살게 된다. 즉, 자율적 인간이 아니라 타율적 인간으로 성장하고 살아가게 된다.

또한, 타인의 판단과 기대에 맞는 행동을 하지 않을 경우 처벌을 받을 것이라는 두려움을 가지게 된다. 자신의 판단에 근거해 행동하는 것을 배운 어린이들은 옳은 행동의 기준이 자신의 내부에서 우러나오는 즐거움과 보람이다. 자신의 내부에서 나오는 긍정적 감정을 즐기는 것을 배우게 되면, 불필요하게 어른들의 판단이나 평가에 의존할 필요를 크게 느끼지 않는다. 반대로, 다른 사람의 평가와 기대에 맞는 행동을 옳은 행동이라고 믿고 성장하면 항상 다른 사람에게 의존하게 된다. 내 판단에는 옳은 행동이라고 여겨지더라도 부모에게 나쁜 평가를 받을 경우 의기소침해지고 점점 자신감을 잃게 된다. 어렸을 때 엄하게 처벌하는 부모 밑에서 성장하는 아이들이 성장해서도 다른 사람들의 눈치를 지나치게 보게 되는 것은 이 때문이다.

자녀들이 스스로 판단하고 결정하여 행동하도록 조장하고, 비록 결과가 좋지 않게 나왔다 해도 격려해준다면 자녀들은 다시 한번 시도해볼 수 있는 힘을 얻게 된다. 바로 이 힘이 건강한 사랑에서 나오는 자양분이다. 그리고 이런 과정이 되풀이되면, 자녀들은 실패를 두려워하지 않고 자신이 즐기고 보람을 얻을 수 있는 행동을 계속할 수 있게 된다. 그리고 그 결과 자신의 잠재력을 충분히 발휘하는 삶을 살 수 있게 된다. 이렇게 부모가 "나는 너를 사랑한다. 그러니 결과를 두려워하지 말고 네가 하고 싶은 일을 하면서 즐기도록 해라. 네가 힘들 때 항상 네 뒤에는 부모가 있다"라는 믿음을 주는 것이 바로 '건강한 사랑'이다.

사랑이 상하면 제일 먼저 '지배支配'하려는 특징이 나타난다. 지배는 말 그대로 다른 사람을 자신의 뜻대로 행동하도록 하는 것이다. 이 특징은 대인관계에서 미성숙한 사람이 많이 나타내는 경향이다. 다른 사람을 자신이 원하는 대로 움직이지 못하면 불안해진다. 그리고 자신이 무능력한 사람이라고 여긴다. 다른 사람을 자신의 뜻대로 움직이게 하면서 유능감을 느끼는 것이 미성숙한 사람들의 가장 두드러진 특징이다. 그리고 이는 부모와 자녀와의 관계에서도 나타난다.

여러 번 설명했듯이, 발달하고 성장하는 목적은 자신의 잠재력을 최대한으로 실현하는 것이다. 자녀에 대한 사랑이 건강한 것이라면 그 사랑은 자녀가 자신의 잠재력을 최대한도로 실현하는 데 도움을 주어야 한다. 하지만 많은 부모들은 자신이 원하는 방향으로만 자녀를 키우려고 애쓴다. 그들은 자녀를 믿지 못하고, 실패하면서 성장하는 자녀의 권리를 무시한다. 그들이 보기에 아이는 스스로 선택할 수 있는 능력이 없다. 따라서 자녀가 잘 성장하기 위해서는 더 많이 알고 더 많은 경험이 있는 부모, 즉 자신들이 자녀를 이끌어주어야 한다고 생각한다. 그리고 자녀가 자신이 원하는 대로 행동하지 않을 경우, 아직 어려서 그렇다고 비난한다.

그 과정이 되풀이되면, 결국 자녀의 잠재력을 실현되도록 도움을 주기보다는 부모가 원하는 대로 자녀를 성장시키려고 노력하게 된다. 자녀가 원하는 삶을 살도록 도와주는 것이 아니라, 부모가 옳다고 여기는 삶을 살아가도록 권유하고, 회유하고, 압박하고, 처벌한다. 그 결과, 자녀들은 자신의 삶을 사는 것이 아니라 부모가 원하는 삶을 살게 된다. 그리고 비록 사회적으로는 성공할지언정 자신의 잠재력이 실현될 때 오는 진정한 즐거움과 보람을 느끼지 못하게 된다. 이것은 자녀를 지배하는 것이다. 지배하는 사랑은 "나는 너를 사랑한다. 그 대신 너는 내가 원하는 대로 살아야만 한다"라고 자녀에게 강요하는 사랑이다.

상한 사랑의 두 번째 특징은 '소유所有'하려는 것이다. 어머니들은 자녀들이 편식偏食을 하지 않도록 많은 신경을 쓴다. 아무리 탄수화물이 중요한 영양분이기는 하지만 탄수화물만 섭취한다면 몸은 정상적으로 성장할 수 없다. 따라서 부모들은 자녀들이 편식偏食하지 않도록 세심한 주의를 기울인다. 다양한 음식물을 골고루 섭취해 균형 있는 영양분을 공급받아야 건강하게 성장할 수 있기 때문이다.

자녀의 마음이 잘 자라기 위해서도 다양한 사랑을 받아야만 한다. 물론 부모의 사랑이 생존에 제일 중요한 사랑인 것은 틀림없지만, 그렇다고 부모의 사랑만으로 마음이 정상적으로 성장하는 것은 아니다. 부모님의 사랑 이외에도 선생님의 사랑, 친구들의 사랑, 배우자의 사랑 등 다양한 원천으로부터 다양한 사랑을 경험해야만 정상적으로 성장할 수 있다. 따라서 자녀가 성장해갈수록 부모는 다양한 사랑을 경험할 수 있도록 한 발 뒤로 물러설 줄 알아야 한다. 그래야 자녀들이 부모를 배반한다는 불필요한 죄책감 없이 다양한 사람들을 사랑하고 사랑받으며 살아갈 수 있다. 이와 달리 소유하는 사랑은 '나는 너를 사랑한다. 그러니 너는 나하고만 좋은 관계를 맺어야 한다'고 강요하는 사랑이다.

건강한 사랑과 상한 사랑은 비단 부모와 자녀의 관계에만 국한되는 것이 아니라 모든 종류의 대인관계에서 다 나타난다. 예를 들면, 부부관계에서도 건강한 사랑과 상한 사랑은 이 같은 모습으로 나타난다. 남편을 건강하게 사랑하는 부인은 남편이 자신의 잠재력을 최대한 실현할 수 있도록 도와준다. 혼자 살아가는 것보다 결혼을 통해 부인의 사랑을 받으면서 자신의 삶을 살아갈 수 있도록 더욱 많은 힘을 준다. 부인을 건강하게 사랑하는 남편의 경우도 마찬가지다. 반대로 상한 사랑을 하는 부부는 서로 상대방을 지배하고 소유하려고 애쓴다. 그 결과 차라리 혼자 사는 것이 더 낫겠다는 불행한 결론에 도달하게 된다.

　태어날 때부터 가지고 태어나는 우리 자녀의 잠재력은 '하늘이 주신天賦' 재능이다. 모든 부모의 책무는 이 재능이 잘 실현될 수 있도록 도와주는 것이다. 우리 자녀는 스스로 자신을 흡족하게 여기면서 성장할 수 있어야 한다. 하지만 많은 부모는 자신들이 보기에 흡족하게 자녀를 키우려고 한다. 그 결과, 부모도 그 과정에서 행복을 느끼지 못하고, 자녀도 부모의 사랑을 받으면서 기쁘고 즐겁기보다 속박 받는다는 느낌을 갖게 된다.

중년에는 자기실현을
하기 가장 좋다

이제는 솔직하게
살고 싶다

요즘 가벼운 담소를 나누는 자리에서 "요즘 들어 자꾸 눈물이 난다"라고 고백하는 중년 남자들을 자주 만난다. 이들은 대개 "젊어서는 안 그랬는데, 나이 들어가면서 왜 이렇게 주책없이 변했는지 모르겠다"며 당황스러워한다. 심지어는 혹시 자신이 무슨 심각한 병을 앓고 있는 것은 아닌지 염려하는 경우도 있다.

물론 중년 남자들이 젊었을 때보다 더 정서적으로 변하는 것은 자연스럽게 나타나는 현상이다. 그렇게 안심을 시킨 다음 그들에게 요즘 사는 게 어떤지 물어보면, 대개 "뭔가 허전하다" "요즘에는 사는 게 별로 재미가 없다" "젊었을 때는 뭔가를 이루기 위해 미친 듯이 달려왔는데 이제는 그렇게 미칠 만한 것이 없다"면서 뭔가 잃은 것 같고, 살아야 할 뚜렷한 이유를 찾지 못하겠다는 이야기를 하곤 한다. 전통적으로 우리나라는 남자와 여자의 성역할을 철저하게 구분해왔다. '남녀 칠세 부동석'이라는 말도 있지만, 지금 중년기인 이들이 중·고등학교를 다니던 시절까지도 남학교와 여학교가 분리되어 있었다. 마치 청소년기에 남녀를 함께 두었다가는 큰일이라도 난다는 듯 중·고등학교 생활지도부 교사들은 눈에 불을 켜고 빵집에서조차도 남학생과 여학생이 함께 있는 것을 막으려고 애썼다. 그들은 비교적 남녀가 자유롭게 만날 수 있는 교회를 일러 예배당이 아니라 '연애당'이라며, 반은 부러운 마음으로 또 반은 비난하는 마음으로 비아냥대기도 했다.

공간적으로만 남녀를 분리한 것이 아니라 행동에서도 남녀의 차이를 강조했다. '남자는 남자답게, 여자는 여자답게' 행동해야 한다고 교육받았다. '남자답다'는 것의 요체는 한마디로 '여자답지 않아야 한다'는 것이었고, 소극적이거나 세심한, 이른바 '여자다운' 행동을 하면 "계집애 같다"고 친구들에게 놀림을 받거나 "유약하다"며 어른들에게 꾸중을 들었다. 여자는 약하지만 남성은 '강해야' 한다고 강요받기도 했다. 예를 들어 '우는 것은 약한 것'으로 생각했기 때문에 남자들은 절대로 울면 안 된다고 배우면서 성장했다. 그리고 여자의 유약함은 잘 우는 것으로 드러난다고 보았다. 그래서 남자애가 울면 "남자는 일생에 세 번밖에 울지 않는다"라고 야단을 치거나, "울면 ××가 떨어진다"는 모욕적인 언사도 마다하지 않았다. 당연히 남자는 아무리 아프거나 슬프거나 힘들어도 '입을 꾹 다물고' 참아야 했다.

우리나라에서 그 강도가 더 셀 뿐, 사실 남자들에게 자연스러운 정서적 표현을 억제하도록 강요하는 것은 다른 나라에서도 일반적이다. 그렇기 때문에 공직에 있거나 존경받는 인사가 공개적으로 눈물을 흘리는 것도 '나약함'의 증표로 받아들여진다. 2018년 미국에서 연방대법원 판사로 지명된 브렛 캐버노Brett Kavanaugh가 청문회에서 눈물을 흘린 일이 세간의 화제가 된 적이 있다. 세간에서 긴박한 상황에도 냉철한 이성을 견지해야 할 대법관이 너무 정서적이고 유약한 것이 아니냐는 자질론이 제기되기도 했다.

이처럼 남자들에게 속마음을 자연스럽게 표현하는 것을 금하다 보니, 병적으로 표현되는 경우도 종종 나타난다. 소위 '가면우울증'이라는 병명으로 나타나는 '가장된 우울증'이다. 가면우울증은 우울한 감정이 마치 가면을 쓰고 있는 것처럼 겉으로 별로 드러나지 않는 우울증을 말한다. 우울감과 무력감이 잘 드러나지 않지만 식욕 부진이나 피로감 따위의 신체화 증상이나 지나친 명랑함, 약물이나 알코올 중독, 도박, 행동 과잉 등으로 나타나기도 한다.

중년 남자들이 자신도 모르는 사이에 눈물이 주르르 흐르는 것은 '이제는 솔직하게 살고 싶다'는 속마음의 표현이다. 남자의 역할을 잘하고 있다고 인정받기 위해 두렵고 힘들고 아픈 것을 감추고 억눌렀던 속마음을 이제는 솔직하게 표현하고, 남자가 아니라 인간으로 살고 싶다는 '인간 선언'이다.

남자는 일생 동안 몇 번의 큰 변화를 겪으며 살아간다. 어릴 때는 사실 남자나 여자나 신체적인 면에서나 심리적인 면에서 큰 차이가 없다. 즉, 어린이는 양성적이다. 오히려 어릴수록 여자아이들의 성장이 더 빨라 더 크고, 더 강한 면을 보이기도 한다. 그러다 청소년기를 거치면서 큰 변화가 나타난다. 이 시기에는 자신의 성역할을 성공적으로 수행할 수 있도록 남성은 '남자답게', 여성은 '여자답게' 변하기 시작한다. 신체적인 변화는 말할 것도 없고, 심리적으로도 이제 청소년들은 이성으로 분리되기 시작한다.

남성은 한 집안의 가장으로서의 책임을 다할 수 있는 성품으로 교육받게 된다. 가장으로서 남성은 무엇보다 가족의 생계를 책임져야 한다는 사회적 압력이 존재한다. 밖에 나가서 다른 사람들과 치열하게 경쟁하면서 생계에 필요한 경제적인 자원을 공급해야 하므로 약해서는 안 된다는 것이다. 그러면 경쟁에서 낙오될 뿐만 아니라 가장으로서의 권위도 인정받지 못한다. 그렇기 때문에 남자다워야 하고, 강해야 한다. 자신 속에 있는 여성적인 특성은 강하게 억압하고 오로지 남성적인 특성만을 부각시키며 생활해야 한다.

중년이 되어 자녀들이 어느 정도 성장하면, 가장으로서의 역할과 아버지로서의 역할이 점차 줄어들기 시작한다. 더불어 지금까지 억눌려 있던 여성적인 특성들이 표현되기 시작한다. 지금까지 심리적 에너지를 과도하게 사용하던 남성적 성향의 중요성이 줄어들면서 또 다른 본성인 여성적인 특징들에게로 재분배되는 것이다. 즉 원래의 모습, 전인全人적인 모습으로 돌아가는 것이다. 이제는 반쪽만의 남자와 여자가 아닌, 인간으로 돌아가는 것이다.

중년에게서 나타나는 진정한 '눈물'은 때로는 진한 감동을 준다. 그 이유는 한 인간에게서 볼 수 있는 '완숙함'을 느낄 수 있기 때문이다. 이제는 자신의 성뿐만 아니라 다른 성도 이해하고 포용할 수 있는 성숙함을 느낄 수 있기 때문이다. 중년기에는 부부간의 관계도 더 이상 남자와 여자, 즉 서로 대립적인 성역할에 충실한 관계가 아니라 서로를 포용하고 공통적인 양성의 특성을 함께 가꾸어나가는 친구이자 동지의 관계로 재정립할 수 있다. 자신 안에 숨겨져 있던 이성의 특징이 표현되면서 상대방을 더 잘 이해할 수 있게 되기도 한다. 이제는 오색 단풍이 우거진 가을 숲길을, 손을 맞잡고 함께 걸어가는 편안한 중년의 아름다운 모습으로 살아갈 수 있다.

그러니 마음 놓고 울자. 그대의 눈물은 더 이상 감출 것이 아니라 진정한 성숙함의 표현이기 때문이다.

중년은 과거와 미래를
모두 볼 수 있다

사람이 전 생애에 걸쳐 발달한다는 생각은 의외로 최근에야 당연한 것으로 받아들여지고 있다. 발달은 유아기에서 청년기까지만 이루어진다는 생각이 오랫동안 일반인들뿐만 아니라 학자들도 지배하고 있었다. 예를 들면, 성격발달 연구로 유명한 프로이트나 인지발달 연구로 유명한 피아제^{Jean Piaget}의 이론에서도 발달은 청년기까지 일어나는 것으로 한정하고, 그 이후에는 새로운 발달은 없는 것으로 간주하고 있다.

그 이유는 발달을 '신체, 정서, 지능 따위가 성장하거나 성숙함'으로, 또는 '학문, 기술, 문명, 사회 따위의 현상이 보다 높은 수준에 이름'으로 정의하였기 때문이다. 이런 의미에서 발달은 성장, 진보 등과 유사한 개념으로 혼용되었다. 발달을 성장과 동일한 것으로 정의하면 사람의 발달도 유아기에서 청년기까지만 발달한다고 볼 수밖에 없다. 왜냐하면 출생 후 청년기까지는 급격한 성장을 하지만, 그 이후의 시기에는 성인기에는 성장한 상태를 유지하다가 노년기에는 오히려 퇴보하기 때문이다.

발달을 성장과 동의어로 생각하면서 자연스럽게 우리의 생애는 크게 세 단계로 나눌 수 있게 되었다. 첫 번째 단계는 '성장의 단계', 즉 발달하는 단계이다. 두 번째 단계는 발달이 멈춰 더 이상 성장하지 않는 '유지의 단계'이다. 능력이 유지된다는 것은 발달이 정체됐다는 것을 의미하고 동시에 조금씩 퇴보한다는 것을 의미한다. 하지만 그 퇴보의 양상이 매우 적게 나타나기 때문에 유지하고 있는 것으로 보이는 것뿐이다. 그리고 마지막 단계는 오히려 능력이 현저하게 떨어지기 시작하는 '퇴보의 단계'이다. 결국 우리의 삶은 탄생→발달→유지→퇴보→사망의 순서로 진행되는 것으로 정리된다. 이 과정에서 제일 좋은 시기는 당연히 발달과 성장이 절정에 이르는 청년기가 된다.

이전에 교과서에도 실려 있던 소설가이자 언론인인 민태원이 1929년에 쓴 유명한 〈청춘예찬靑春禮讚〉이란 수필이 있다. 이 수필은 다음과 같은 유명한 구절로 끝난다.

"보라, 청춘을! 그들의 몸이 얼마나 튼튼하며, 그들의 피부가 얼마나 생생하며, 그들의 눈에 무엇이 타오르고 있는가? 우리 눈이 그것을 보는 때에, 우리의 귀는 생生의 찬미讚美를 듣는다. 뼈끝에 스며들어 가는 열락의 소리다. 이것은 피어나기 전인 유소년에게서 구하지 못할 바이며, 시들어 가는 노년에게서 구하지 못할 바이며, 오직 우리 청춘에서만 구할 수 있는 것이다. 청춘은 인생의 황금 시대다. 우리는 이 황금 시대의 가치를 충분히 발휘하기 위하여, 이 황금 시대를 영원히 붙잡아 두기 위하여, 힘차게 노래하며 힘차게 약동하자!"

청년기가 인생의 절정이므로 어린이들은 빨리 어른이 되고 싶어 한다. 그래서 어른들의 흉내를 내면서 마음으로는 제법 어른이 된 것처럼 느끼려고 한다. 그래서 어린이들에게 "어른스럽다"는 것은 칭찬이 된다. 왜냐하면 어른이 제일 좋은 시기이기 때문이고, 그래서 일반적으로 어린이들에게 빨리 어른처럼 행동하고 생각하도록 은연중에 압력을 가한다. 반면에 30대 이후에는 하루라도 더 청년기에 머무르려고 노력한다. 청년의 모습이 제일 아름다운 것으로 생각하기 때문에 용모도 젊은이처럼 꾸미려고 한다. 동시에 생각하고 생활하는 것도 그 시절처럼 하려고 노력한다. 화장품 광고의 모델은 항상 제일 젊고 예쁜 20대 모델이 등장하고 남성용품은 예외 없이 20대의 모델이 젊음을 자랑하는 모습의 광고가 주류를 이룬다. 따라서 나이가 든 사람에게 "젊어 보인다"라는 말은 덕담이 되고 다른 사람이 그렇게 말하면 "고맙다"고 대답한다. 이 모든 현상의 기저에는 '젊은 것이 좋은 것'이란 '청춘예찬'의 신화가 있다. 이 신화는 지금도 막강한 힘을 발휘하면서 우리 스스로의 생애를 바라보는 강력한 틀로 작용하고 있다. 이 신화에 의하면 청년을 지난 삶은 이미 절정기를 지난 것이 되므로 슬프고 애석할 수밖에 없다. 그리고 그 시절은 다시 올 수 없으므로 한없이 허무하다. 하지만 왜 '청춘예찬'이 신화인가? 그것은 모든 신화의 특징이 그렇듯이 우리의 생각이나 이미지가 투사된 것에 불과하기 때문이다. 다시 말하면 실제가 그런 것이 아니라 객관적인 근거가 없이 단지 그렇다고 믿기 때문에 그렇게 보이는 것이라는 말이다. 하지만 일단 신화로 자리 잡게 되면 그것은 하나의 강력한 해석틀로 작용하여 역으로 우리가 세상을 이해하는 방식 또는 삶을 대하는 자세나 가치에 큰 영향을 미친다.

하지만 발달을 성장으로 보는 시각으로는 21세기 길어진 우리의 삶을 정확히 이해할 수 없다. 우리나라를 효과적으로 착취하기 위해 일제가 1919년 비공식으로 측정한 한국인의 평균수명은 27세였다. 1945년 해방되던 해 공식적인 한국인의 평균수명은 35세였다. 2021년 현재 평균수명은 83세 정도일 것으로 추정된다. 또한 우리는 '백세시대'로 접어들었다. 즉, 사망 빈도가 가장 높은 '최빈사망연령'이 90세를 넘었다는 의미이다. 이런 시대에 평균수명이 30세 전후인 1929년에 쓰인 〈청춘예찬〉은 더 이상 적합하지 않다.

백세시대를 살아가는 현대인에게 발달은 성장이 아니라 '변화'라고 보는 시각이 더 적합하다. 사람은 태어나서 죽을 때까지 매시간 변화한다. 결국 우리의 삶은 '끊임없이 변화하는 세상 속에서 끊임없이 변화한다.' 그리고 발달의 각 단계는 이전 단계에 의해 영향을 받고, 그리고 앞으로 다가올 단계에 영향을 미친다. 따라서 각 발달 단계는 나름대로의 독특한 가치와 특성이 있다. 우리의 전생애를 변화라는 시각으로 이해하면 어느 단계도 다른 단계보다 더 중요하거나 덜 중요하지 않다. 다만 각 단계의 특징에 맞게 사는 것이 중요할 뿐이다. 즉, 어린이는 어린이답게, 청년은 청년답게, 중년은 중년답게, 그리고 노년은 노년답게 사는 것이 아름답게 사는 것이다. 전생애 발달의 관점은 단순히 청년기 이후의 삶에 관심을 기울이는 것보다 더 많은 차이가 있다. 무엇보다 먼저, 전생애 발달의 관점에서 보면, 우리의 삶은 여러 영역으로 구성되어 있다. 대략 구분하더라도 우리의 삶에는 신체적, 심리적, 영적靈的 영역 등 다양한 영역들이 서로 유기적으로 관계를 맺고 있다. 신체적 능력은 물론 나이가 들면서 뚜렷하게 퇴보한다. 운동선수들의 선수 생명이 짧은 것은 운동이 주로 신체적 능력에 크게 좌우되기 때문이다.

 하지만 대인관계 능력과 같은 심리적 영역은 특정 나이가 지난다고 해서 쇠퇴하지 않는다. 오히려 나이를 먹을수록 더욱 발달하게 된다. 또 세상을 이해하는 능력도 나이가 들면서 더욱 깊어진다. 따라서 삶과 죽음의 의미 등에 관심을 갖거나 절대자와의 관계에 관심을 갖는 영적인 영역은 나이가 들수록 더욱 깊어지고 심오해진다. 결국 나이가 들면서 쇠퇴하는 영역도 있고 오히려 더욱 성숙해지는 영역도 있다. 따라서 각 영역의 특징을 잘 살리면서 적응해나가는 것이 잘 발달하는 것이다.

일반인들과 마찬가지로 심리학자들도 발달을 성장이라고 생각했다. 따라서 고전적 발달심리학은 발달을 논할 때 대체로 탄생에서 청소년기까지의 과정을 논했으며, 이는 사실 현재까지도 유지되는 경향 중 하나이다. 따라서 청소년기 이후의 성인기에 대한 연구는 상대적으로 적은 편이다. 왜냐하면 발달심리학이 관심을 가지는 영역이 주로 인지, 사회성, 또는 지각 발달이었으며, 이 영역은 청소년기까지만 활발하게 성장하기 때문이다.

전생애 발달에서는 사회 문화적 영향을 중시한다. 어렸을 때의 발달은 생물학적인 영향을 많이 받는다. 어린이가 태어나서 걷고 말하는 것과 같은 신체발달은 생물학적인 요인에 크게 좌우된다. 그렇기 때문에 한국에서 자라건 미국에서 자라건 어린이들은 거의 유사한 발달 양상을 보인다. 하지만 성인기 이후에는 살아가는 환경이나 문화 또는 개인이 경험한 역사적 사건에 크게 영향을 받는다. 예를 들어 전쟁과 같은 역사적 사건, 컴퓨터의 발명과 같은 과학 기술의 획기적인 발견, 여성해방운동과 같은 사회운동 등의 사회적 변화가 큰 영향을 미친다. 그렇기 때문에 성인기로 갈수록 개인 간 차이가 심하게 나타난다.

전생애 발달 관점에서 보면 중년기는 우리 삶에서 큰 변화를 겪는 중요한 시기이다. 젊음과 늙음이 교차하는 시기이기 때문이다. 그리고 과거와 현재 그리고 미래를 아울러 볼 수 있는 경험을 갖고 있기에 젊음의 혈기와 이상은 없더라도 현실의 삶을 이해하고 미래를 재구성할 수 있는 능력도 가지고 있는 '완숙'의 시기이기도 하다.

  토속적이면서도 세련된 언어를 구사하여 많은 사람들의 사랑을 받는 서정주 시인의 대표작인 〈국화 옆에서〉는 중년의 의미와 아름다움을 예술적으로 잘 표현한 걸작이다. "그립고 아쉬움에 가슴 조이던/머언 먼 젊음의 뒤안길에서/이제는 돌아와 거울 앞에 선/내 누님같이 생긴 꽃"과 같이 중년은 중년 나름의 아름다움이 있다. 이 아름다움은 어린이와 청년에게서는 발견할 수 없는 가을꽃 '국화'의 아름다움이다.

내가 만드는
즐거운 인생

2007년에 개봉한 이준익 감독의 〈즐거운 인생〉이란 영화가 있다. 이 영화는 한마디로 중년을 이해하기 위한 교과서 같은 영화이다. 그만큼 중년을 이해하기 위한 중요한 주제들이 잘 다루어졌다. 이 영화의 줄거리는 20년 전 대학생 시절 '활화산'이라는 밴드 활동을 하던 네 남자의 이야기이다. 밴드 활동에 실패하고 각자 자신의 삶을 찾아 바쁘게 살던 '활화산' 멤버들은 20년이 지나 중년의 초입에 다다라 실패한 인생으로 다시 만난다.

금융기관에서 월급쟁이로 살다가 해고된 기영은 교사인 아내에게 얹혀살면서 백수생활을 하고 있다. 다시 직장을 찾으라는 부인의 채근에 불쌍한 표정의 미소를 흘리면서 살아간다. 공부 잘하는 자식을 둔 성욱은 낮에는 택배로, 밤에는 대리기사로 피곤한 생활을 하고 있으며 그의 부인은 곧 복직이 될 거라는 남편의 말을 철석같이 믿고 자식들의 공부에 모든 것을 걸고 살고 있다. 캐나다에 부인과 자식을 보내놓고 기러기아빠 생활을 하는 혁수는 중고차 판매상을 하면서 번 돈을 모두 캐나다로 보내고, 자신은 초라한 매장의 2층에서 라면을 끓여 먹으며 산다. 하지만 캐나다로 간 부인은 그곳에서 남자를 만나고, 국제전화로 이혼하자는 청천벽력과 같은 통보를 해온다. 그것도 혁수가 부인과 자녀를 만나려고 모든 것을 정리하고 공항에서 탑승수속을 끝낸 후에 말이다.

이들은 활화산의 리더였던 상우의 장례식장에서 삶에 지친 후줄근한 모습으로 만난다. 부인 없이 아들 하나만 상주 노릇을 하고 있는 장례식장에서 이들은 자신들의 현재 모습과 과거 활기 있게 '활화산'처럼 생활하던 모습을 비교해보면서 끝없는 자기연민의 감정에 빠져든다.

그러다가 기영이 뜬금없이 다시 '활화산'을 결성하여 밴드 활동을 하자고 제안한다. 처음에는 실없는 생각이라고 핀잔을 주며 각자 피곤한 자신의 일상으로 돌아갔던 친구들은 계속되는 기영의 설득과 함께 자신들의 현재 삶을 돌아보다가 다시 '활화산' 밴드를 결성하기로 결심한다. 그리고 리드보컬을 맡았던 상우의 아들 현준이를 설득해 다시 4인조 밴드 활동을 하면서 삶의 활력을 찾고 '즐거운 인생'을 산다는 내용이다.

영화는 제일 먼저 중년이라는 시기가 우리 인생에서 어떤 의미가 있는지 묻고 있다. 일견 철없던 대학 시절을 뒤로하고 이들은 각자 생업에 종사하며 현실에 적응해간다. 결혼하고 자식을 낳아 키우며 직장에서 승진하고, 사업을 하면서 돈을 벌려고 애를 쓴다. 하지만 20여 년간 온갖 젊음과 가정생활을 희생해가며 헌신했던 직장에서는 하나둘씩 해고당하면서, 사회에서는 낙오자로, 가정에서는 부인에게 무능력한 가장이라는 홀대를 받으며 하루하루 살아간다. 어쩌면 살아간다기보다 '견뎌낸다'는 표현이 더 맞을 수도 있다.

중년은 초조해지기 시작한다. 이렇게 살고 싶은 것은 아니지만 그렇다고 현실을 무시하고 다르게 살기에는 여건이 만만치 않다. 또 새로운 여건을 만들 만큼의 열정도 더 이상 없는 자신을 돌아보면서 자기연민에 빠진다. 하지만 젊은 시절에 하던 일에서 본의 아니게 밀려나면 이제는 결정하지 않을 수 없다. 가족에게 다시는 복직할 수 없다는 현실을 고백하고 새로운 삶을 찾아가야 한다.

중년에 많이 나타나는 이직은 양날의 칼이다. 100세를 바라보는 고령화시대에 우리 모두는 가능한 한 숨을 거두는 순간까지 일을 하며 현직으로 살아야 한다. 아무리 화려했던 과거라 하더라도 전직이 되어버리면 이미 내 것이 아니다. 그러기 위해서는 결국 내 일을 만들어야 한다. 내 일이어야만 내가 하고 싶을 때까지 현직으로 있을 수 있기 때문이다.

〈즐거운 인생〉은 영화다. 중년의 이직이 영화처럼 항상 해피엔딩으로 끝나지는 않는다. 영화는 영화일 뿐이다. 이 영화의 주인공들은 다시 밴드 활동을 하면서 '활화산'처럼 '터질 거야'를 외칠 수 있지만, 과연 얼마나 많은 중년들이 잃었던 꿈을 다시 찾아 그렇게 살 수 있을까? 중년기를 맞은 대부분의 사람들이 미처 준비를 하지 못하고 '제2의 인생'을 시작한다. 그렇기 때문에 더 큰 실패의 구렁텅이에 빠질 수 있다.

  중년에 새로 시작하는 일에서 성공하기 위해서는 몇 가지 중요한 준비를 해야 한다. 먼저 자신이 잘할 수 있는 일을 시작하는 것이 좋다. 초조한 마음에 다른 사람들이 많이 하는 일에 뛰어들었다가는 실패할 확률이 높다. 영화에서도 주인공들이 제일 잘할 수 있는 일은 음악이기에 그들이 다시 한번 정열적으로 밴드 활동을 시작할 수 있었던 것이다.

  또 하나는 더 이상 자신의 위치가 '갑'이 아니라 이제는 '을'이라는 것을 받아들여야 한다는 것이다. '갑'의 위치에 있다는 것은 사회적으로 유리한 위치에 있는 자신의 지위를 이용해 상대방이 자신의 방침에 따르게 하는 것이다. 잘 나갈 때의 자신의 모습을 계속 지키려고 한다면 이직 후에 성공할 수 있는 확률이 매우 낮아진다.

  '을'이 된다는 것은 명령을 내리기보다는 명령을 받는 위치에 놓인다는 것을 의미한다. 이제는 더 이상 자신이 주도권을 쥐고 결정할 위치에 있지 않다는 것이다. '갑'에서 '을'로 위치가 바뀐다는 것은 다른 말로 하면 '갑'으로서의 자존심을 내려놓아야 한다는 것이다.

자존심을 내려놓는 것과 자긍심을 내려놓은 것과는 전혀 다르다. 자존심의 사전적 의미는 '남에게 굽히지 않고 스스로 품위를 지키는 마음'이다. 자긍심은 '자기 스스로 자랑하는 마음'이다. 자존심의 원천은 다른 사람의 인정이다. '갑'의 자존심은 '을'의 인정을 받을 때 높아진다. 즉 자신의 '갑'으로서의 지위나 신분을 바탕으로 '을'에게 인정을 받는 것이다. 그렇기 때문에 자존심을 높이기 위해 '갑질'을 하게 된다.

자긍심의 원천은 자신으로부터의 인정이다. 자신으로부터 인정을 받기 때문에 다른 사람의 인정에 목을 맬 이유가 없다. 스스로 만족하게 되는 것이다. 자긍심은 자신이 '갑'인지 '을'인지 중요하지 않다. 다만 자신이 하는 일을 통한 즐거움과 긍지가 필요할 뿐이다. 자긍심이 높은 사람은 구태여 자존심에 얽매일 필요가 없다. 그렇기 때문에 '을'의 위치에서도 즐거울 수 있다. 자기 자신을 믿는 당당한 마음으로 열정을 되살려 다시 시작할 수 있다면, 제2의 인생을 위한 중년의 도전에도 희망과 즐거움이 깃들 수 있다. '즐거운 인생'은 결국 자신이 만들어가는 것이기 때문이다.

부모와 자식 간의
상호의존적인 관계

　　대부분의 중년 부모들은 자녀들이 옛날과 같지 않아서 한편으로는 대견하기도 하지만, 또 한편으로는 허전하고 섭섭하다고 말한다. 심지어 사는 재미뿐만 아니라 살아갈 의미도 별로 느끼지 못하겠다고 말하기도 한다. 눈에 넣어도 아프지 않을 것같이 어리고 순진하고 부모를 따르던 자녀들이 언제부터인가 과연 '내 새끼가 맞나?' 하고 느껴지기까지 한다고 서글프게 이야기한다. 그리고 부모가 세상에서 제일 힘이 세고, 모든 것을 알고, 모든 것을 해줄 수 있을 거라고 믿고 재롱을 부리던 어린 자녀들의 모습을 계속 그리워한다.

　　결혼해서 자녀를 낳고 기르는 데에는 여러 가지 이유가 있을 것이다. 그중 하나는 사람에게는 '양육동기'가 있다는 것이다. 양육동기는 자신의 아이를 낳고 기르고자 하는 욕구이다. 이를 만족시키기 위해 사람들은 자녀가 잘 성장할 수만 있다면 온갖 궂은일도 마다하지 않고, 어떤 노고도 아끼지 않는다. 말썽을 부릴 때면 미운 마음이 들다가도, 자신을 완전히 믿고 순수한 눈망울로 쳐다보는 어린 자녀를 보면 어머니들은 그동안의 고생이 물거품처럼 사라지고, 아이를 위해서는 무슨 일도 할 수 있을 것 같은 힘을 얻곤 한다. 회사에서 온갖 힘든 일에 시달리다가도 '아빠'하고 반갑게 달려오는 어린 자녀를 품에 안아 올리면서 곤궁한 삶에서 오는 피로를 다 잊을 수 있다.

고대 그리스의 대철학자 아리스토텔레스가 최고의 비극이라고 극찬했던 소포클레스의 〈오이디푸스 왕〉은 지금도 세계 어느 곳에서는 틀림없이 공연되고 있는 불후의 명작이다. 이 비극에는 괴물 스핑크스가 오이디푸스에게 수수께끼를 내는 장면이 나온다. 이 수수께끼의 답을 맞히는지의 여부에 따라 둘 중 하나는 죽을 수밖에 없다. 이때 스핑크스가 낸 수수께끼는 "아침에는 네 발로 걷고, 점심에는 두 발로 걷고, 저녁에는 세 발로 걷는 것은 무엇인가?"였다. 이 수수께끼의 답은 '사람'이다. 어렸을 때는 네 발로 기어다니다가, 젊었을 때는 두 발로 걷고, 늙으면 지팡이를 짚고 세 발로 걷는다는 것이다. 사람의 일생은 결국 세 시기, 어린 시기, 젊은 시기, 그리고 늙은 시기로 나눌 수 있다는 것을 보여준다.

'줄탁동시'라는 말이 있다. 닭이 알을 품고 있다가 부화할 때가 되면, 병아리가 안에서 껍질을 부리로 쪼게 되는데 이것을 '줄'이라하고, 어미 닭이 그 소리에 반응해서 바깥에서 껍질을 같이 쪼아주는 것이 '탁'이다. 즉 어느 한쪽이 아니라 동시에 그 일이 일어나야만 병아리가 세상 밖으로 나올 수 있다는 뜻이다. 이를 부모와 자녀의 관계에 적용해보면, 부모의 양육동기와 어린아이의 생존본능이 적절한 상호작용을 할 때에만 바람직한 부모-자녀 관계가 형성된다는 의미이기도 하다.

'만물의 영장'이라는 사람은 역설적이게도 어느 동물보다도 무능력한 상태로 태어난다. 그렇기에 살아남기 위해서는 부모의 헌신적인 사랑이 절대적으로 필요하다. 그만큼 부모의 양육동기에 의존하여 살아야 하는 존재이다. 아이는 당연히 '생존 본능'에서 비롯된, 부모의 사랑을 끌어낼 수 있는 온갖 귀여운 재롱을 부리며 부모에게 의지하고, '의존적인' 관계를 맺으며 살아간다. 또 부모는 자녀에게 '내리사랑'을 주면서 아이의 모든 욕구와 필요를 충족시켜준다.

이 시기의 자녀는 부모를 평가하지 않는다. 자녀에게 부모는 생존의 절대적인 요인이기 때문에, 절대적인 힘을 가지고 있고 못하는 것이 없는 전능한 존재로 여겨진다. 마치 또 다른 '신'이나 마찬가지다. 부모가 공부를 많이 했는지, 부모가 경제적으로 여유가 있는지, 사회적으로 인정을 받는지의 여부는 아이에게는 별로 중요하지 않다. 그냥 단순히 자신을 사랑해주고 자신의 생존 욕구를 만족시켜주는 대상으로서 충분하다.

비록 사회적으로 높은 평가를 받지 못하는 부모라 할지라도 자신을 신처럼 여기고 절대적으로 의존하는 어린 자녀를 볼 때는 목숨까지도 내놓을 수 있는 사랑을 느끼게 된다. 자신을 절대적으로 신뢰하는 자녀의 존재는 부모가 온갖 고생을 감수하면서도 살아갈 전제와 의미가 된다. 하지만 이런 절대적인 의존 관계는 오래 갈 수 없다. 또 오래가서도 안 된다. 자녀는 점차 성장해간다. 성장해간다는 것은 한 인간으로서 독립적으로 살아가는 훈련을 해간다는 뜻이다. 특히 청소년기를 거치면서 어린 자녀는 급격하게 성숙하여 한 인간으로 커간다.

자녀가 독립적으로 변해가면 동시에 부모는 품에서 자녀를 놓아주어야 한다. 이 시기의 '줄탁'은 자녀는 벗어나고 부모는 놓아주는 것이다. 아무리 아쉽고 허무하다 해도 이제는 자녀가 독립적인 존재가 되어야 하기 때문이다. 이제 자녀들은 자신의 부모보다 더 힘이 세고, 공부를 많이 했고, 지위가 높은 사람들이 많이 있다는 사실을 큰 고통을 느끼면서 깨닫게 된다. 부모도 자녀의 눈에 자신이 더 이상 절대적 존재가 아니라 상대적 존재가 되는 것을 받아들이고, 자녀의 변화를 수용해야 한다.

자녀가 독립적인 성인이 된 후에는 부모와 자녀가 '상호의존적' 관계를 맺게 된다. 이제는 서로 독립된 두 개체가 서로의 상대적인 장단점을 그대로 인정하고, 그 상태에서 서로 상대방에게 의존하는 관계를 맺는다. 또 세상을 바라보는 시각도 자신이 모든 것을 다 이룩하고 해결하기보다는 다른 사람, 특히 자녀들에게서도 배울 수 있다는 여유를 가지고 포용하는 마음을 갖게 된다.

이렇게 부모와 자녀 사이의 관계는 나이 들어가면서 그 양상이 달라져야 한다. 이는 의존적인 관계에서 독립적인 관계로, 그리고 마침내는 상호의존적인 관계로 변해간다. 만약 어느 한쪽이라도 이전 단계에 머물러 있다면 갈등을 겪게 마련이다. 아무리 그립다고 하더라도 '품 안의 자식'은 더 이상 없다.

부모에게 자식은 '양육동기'를 만족시켜주는 존재에서 '의존동기'를 만족시켜줄 수 있는 대상으로 변해야 한다. '귀여운' 자식에서 '든든한' 자식으로 변해야 한다. '내리사랑'을 주는 대상에서 '주고받는 사랑'을 나눌 수 있는 대상으로 변해야 한다. 그래야 부모도 마음 놓고 나이 들어갈 수 있으며, 전지전능한 '신'의 위치와 역할에서 부족한 '사람'의 자리로 두려움 없이 내려올 수 있다.

사소한 감정을 나누자

엄마가 있어서 좋다
나를 이뻐해주어서
냉장고가 있어 좋다
나에게 먹을 것을 주어서
강아지가 있어 좋다
나랑 놀아주어서

아빠는 왜 있는지 모르겠다.

 2010년 인터넷에 실려 화제가 됐던 초등학교 2학년 학생이 쓴 〈아빠는 왜?〉라는 시이다. 이 시가 알려지자 많은 부모, 특히 아버지들은 착잡할 수밖에 없었다. 그 후 나는 부모들과 이야기를 하거나 강의를 할 때 이 시를 읽어주고, 아버지들에게 "아빠가 있으면 무엇이 좋을까요?"라는 질문을 하곤 한다. 그러면 많은 아버지들이 쓴웃음을 지며 당혹해한다. 그러다가 "돈 벌어다 주는 것" 또는 "내가 있으니 네가 태어난 것이다"라는 등의 대답을 하고는, 본인들도 그게 정답이 아니라는 것을 알고 있다는 듯 쑥스러운 미소를 띠곤 한다.

한번은 세계적으로도 유명한 국내 굴지의 대기업에서 부장으로 승진한 분들을 대상으로 하는 연수 프로그램에서 강의할 기회가 있었다. 그 자리에서도 이 질문을 했더니, 대부분의 남성들이 다른 곳에서와 마찬가지의 반응을 보였다. 한편으로는 난감해하고 다른 한편으로는 답답한 표정을 짓다가 역시 "돈 벌어다 준다"고 대답했다. 그런데 그 자리에 마침 부장으로 승진한 여성 몇 분이 맨 앞줄에 앉아 있었다. 그분들 중 한 명에게 자녀가 "아빠는 집에 왜 있어?" 하고 물어보면 어머니의 입장에서 뭐라고 대답하겠느냐고 물었다. 그러자 그 여성 부장은 서슴지 않고 "나도 네 아빠가 왜 있는지 모르겠다!"라고 답하는 것이 아닌가. 그 대답에 그 자리에 있던 거의 모든 사람이 박장대소를 했다. 그래서 내가 또 물었다. "얼마나 자주 그런 생각을 하나요?" 그러자 이번에도 그 여성 부장은 거침없이 대답했다. "매일이요" 이 거침없는 대답에 강당을 가득 메우고 있던 수백 명의 남성들이 모두 웃었지만, 거기에는 허전함과 쓸쓸함이 감돌 수밖에 없었다.

40, 50대의 중년 남성 가장들은 매일 회사에서 과중한 업무에 시달리면서 열심히 일하는 이유를 스스로 "가족을 위해서 고생을 참고 죽어라 일한다"고 생각한다. 2018년 통계청이 발표한 '2017년 출생·사망통계 잠정 결과'에 따르면 지난해 남자 인구 1000명당 사망자 수를 나타내는 남자 사망률은 6.0명으로 여자 사망률 5.1명보다 1.2배 높았다. 특히 50~59세 남자의 사망률은 4.9퍼센트로, 50대 여자 사망률 1.7퍼센트보다 2.9배 높았다. 이는 평균 남녀 사망률 비율 1.2배보다 2.4배 높은 것이자, 모든 연령층에서 가장 큰 사망률 격차다. 또한 2018년 기준 자살 사망자 1만 3,670명 중 40~50대 중년남성은 4,133명으로 전체 30.2퍼센트를 차지한다. 즉, 우리나라 자살사망자 중 중년 남성이 제일 높은 비중을 차지하고 있다.

하지만 정작 자녀와 부인은 "집에 왜 있는지 모르겠다"라는 청천벽력과 같은 말을 하는 것이 현실이다. 이 같은 현상은 2016년 국회입법조사처에서 발표한 'OECD 주요국 사회적 관계 수준' 자료를 보면 더욱 두드러진다. 이 자료에 따르면 한국은 '사회적 관계'면에서 최하위를 차지했다. "만약 당신이 곤경에 처해 도움받기를 원할 때 의존할 가족이나 친구가 있습니까?"라는 질문에 "그렇다"라고 긍정적으로 답한 한국인은 72.4퍼센트로 OECD 36개 회원국 중 꼴찌였다. 이 중 15~29세의 긍정적 답변율은 93.26퍼센트로 회원국 평균(93.16)보다 다소 높았지만, 50세 이상 답변율은

60.91퍼센트로 조사 대상국 평균(87.20퍼센트)보다 한참 낮았다. 이는 나이가 들수록 믿고 의지할 사람이 없다고 여긴다는 것이다.

부인과 자녀에게 소중한 사람으로 인정받고, 좋은 관계를 유지하고 싶지 않은 아버지가 어디 있겠는가? 하지만 중년이 된 지금의 남성들은 마음속으로는 절실히 바라면서도 실제로는 가족들과 따뜻한 관계를 맺지 못한다. 그래서 안타깝게도 소외되고 겉도는 경우가 많다. 그 이유는 크게 두 가지로 볼 수 있다.

첫째는 자신이 어렸을 때 아버지와 따뜻한 관계를 맺어본 경험이 별로 없기 때문이다. 예전의 남자 어른들은 많은 경우 '엄부자모'의 원칙에 따라 가정에서 근엄한 자세로 생활했다. 어린 자녀와 친구처럼 정답게 지내는 것은 바람직하지 않다고 생각하고, 오히려 그렇게 자녀를 키우면 '버릇만 나빠진다'고 생각했다. 자신이 어렸을 때 아버지와 경험해보지 못한 것을 아버지가 되었다고 해서 자연스럽게 하기는 쉽지 않다.

두 번째 이유는 지금의 중년 아버지들이 베이비부머 세대이기 때문이다. 이들은 극심한 생존경쟁 속에서 '살아남는 것'만이 최고의 가치인 삶을 살아왔다. 그리고 가장의 역할은 직장에서 살아남아 가족을 부양하는 것이라고 배우고, 그렇게 생각하며 살아왔다. 이들에게 가족과 정서적 관계를 잘 맺는 것은 오히려 사치스러운 일이었다. 매일매일 치열한 전투와 같은 생활을 하면서 어떻게 '속 편하게' 가족들과 정겨운 시간을 보낼 수 있겠는가? 그래서 대부분의 아버지에게 가정은 그야말로 푹 쉬는 장소일 뿐이었고, 가족들 간의 친밀한 정서적 관계를 담당하는 것은 부인인 어머니의 몫이었다. 그리고 자신은 경제적인 면만 책임지면 가장의 역할을 다하는 것이라고 생각했던 것이다.

그런데 그렇게 쫓기면서 앞만 보고 살아오다 어느덧 중년의 고개에 다다라 주위를 바라보니, 그사이 세상은 너무나 달라졌고 가족들도 예전의 가족이 아니었다. 가족들의 마음은 어느덧 자신에게서 멀어져 있고, 아버지나 남편과의 정서적 교류 없이 생활하는데 너무 익숙해져 있는 것 같다. 이제야 나는 가족들과 살갑게 정서적인 교류를 할 시간적, 경제적 여유가 생겼지만 주위에는 아무도 없다. 문득 "내가 이러려고 그렇게 고생하며 열심히 살았나?" 하는 자괴감도 몰려오기 시작한다. 사람은 '밥'만이 아니라 따스한 인간관계에서 나오는 '정'을 먹고 사는 존재인 것을 뒤늦게 깨닫는다.

10여 년 전 군 간부들을 대상으로 '가족 간의 의사소통'에 관해 특강을 한 적이 있었다. 그런데 강의 중 휴식 시간에 조용히 노크 소리가 나더니, 한 분이 강사 휴게실에 들어오셨다. "잠깐 이야기를 해도 될까요?" 하고 예의 바르게 양해를 구한 그는 최근에 가졌던 가족들과의 모임에 대해 이야기했다. 그의 이야기를 간단히 요약하면 이렇다.

그는 현재 군사경찰 병과의 원사로 있는 분이었다. 그에게는 육군사관학교를 졸업하고 현재 대위로 근무하고 있는 아들이 있었다. 그는 그 아들을 매우 자랑스럽게 여기고 있었다. 그러던 어느 날 문득 "혹시 장교인 아들이 아버지가 원사인 것을 부끄럽게 여기지는 않을까?" 하는 생각이 들었다. 갑자기 든 그 생각에 며칠을 고민하던 그는 조기전역을 하기로 결심하고 가족들에게 그 사실을 알렸다. 물론 가족에게는 나이가 들어 현역 생활을 하는 것이 힘들다고 이유를 둘러댔다. 그런데 가만히 아버지의 이야기를 듣던 아들이 조용히 말했다. "아버지가 조기 전역을 하시려는 이유가 혹시 저와 관련이 있습니까? 저는 아버지가 군인인 것이 존경스럽고, 군복을 입고 있는 아버지의 모습이 제일 멋있습니다. 그래서 저도 아버지처럼 멋있는 사람이 되려고 사관학교를 갔고 군인이 되었습니다. 그러니 만기 전역을 하실 때까지 계속 현역으로 근무해주십시오!"

그는 아들의 이야기를 듣고 "한번 생각해보마"라고 대답하고는 화장실로 가서 조용히 울었다고 한다. 자신을 존경한다고 말해주는 아들이 너무 고맙고, 또 자신의 마음을 알아주는 아들이 대견해서 말이다. 이 이야기를 듣고 나는 "참 훌륭한 아드님을 두셨습니다. 하지만 아들이 그렇게 훌륭하게 된 것은 아마도 아버지가 평소에도 격의 없이 마음을 주고받는 관계를 맺으셨기 때문일 것입니다"라고 진심으로 말씀드렸다. 흐뭇한 미소를 띠며 휴게실을 나가는 그분의 모습을 보면서 행복한 아버지의 전형을 보는 듯한 생각이 들었다.

이제는 아버지도 가족과 서로 마음을 주고받는 관계를 맺어야 한다. 지금까지는 상대적으로 관심을 두지 않았던 일상의 소소한 것들에 대한 느낌도 서로 나누어야 한다. 따스한 인간관계는 '세계 평화'나 '국가 경제'와 같은 큰 주제로 논쟁할 때 생기는 것이 아니다. 오히려 하루하루 살아가면서 느꼈던 사소한 감정들을 나누면서 만들어지는 것이다. 그럴 때, 중년 남성들의 외로움도 비로소 녹아내릴 것이다.

잘못을 인정할 때
가족관계는 돈독해진다

중년기의 내담자와 상담하다 보면 의외로 가족들에게 비밀을 가지고 있는 이들이 많다. 밝혀지면 곤란한 비윤리적인 행동을 한 경우를 제외하고도 여러 가지 비밀이 있다. 예를 들어 요즘같이 경기가 안 좋을 때는 사업에 실패했거나 실직을 한 가장들이 집에 이야기하지 못하고 고민하는 경우 등이다.

이들 중 극단적인 경우에는 아침에 회사에 출근한다며 옷을 입고 나가지만, 사실은 구인광고를 뒤지며 다른 직장을 찾아다니는 경우도 많이 있다. 그러고는 저녁이 되면 마치 직장에서 퇴근한 것처럼 가장하고 들어온다. 한동안 이런 시간을 보내다가 결국 직장을 얻는 것을 포기한 경우에는 막상 집을 나와도 갈 데가 없어서 공원에서 서성이거나 옷을 갈아입고 등산을 가는 경우도 있다.

여성의 경우에도 마찬가지이다. 자신의 결혼생활이 불행하다는 것을 친정은 물론이고 친한 친구들에게도 말하지 못하고 행복한 척 꾸미는 경우도 드물지 않다. 특히 부모나 친구가 반대했던 결혼을 한 경우에는 자신의 불행을 감추거나 관계를 멀리하는 경우도 종종 있다.

심지어는 자녀들에게도 부부간의 불행을 숨기는 경우도 있다. 남편의 외도나 도벽 때문에 불화가 있거나, 심하면 남편에게 폭행을 당하는 경우에도 자녀들에게 거짓으로 둘러대는 경우다. 이들은 한결같이 부모가 싸우는 모습을 보여주는 것이 자녀들에게 좋은 영향을 주지 않을 것 같다는 마음에서 감춘다. 이런 경우는 자신이 어렸을 때 부모의 불화를 목격하면서 불안해하고 겁에 질렸던 심리적 외상이 있는 사례가 많다. 그러면서 자신은 행복한 결혼 생활을 위해서는 모든 것을 희생할 것이라고 결심하기도 하고, 자녀에게만은 절대 부부싸움을 보여주지 않겠다고 결심한다.

실직을 하고 공원을 배회하는 남편에게 가족에게 알리지 못하는 이유가 무엇인지 물어보면 다양한 이유를 댄다. 대개의 경우 가족들이 걱정할 것을 염려해서 말하지 못했다고 말한다. 그리고 자신이 무능하다는 것을 가족들이 알까 봐 가장으로서의 권위를 지키기 위해 말하지 못했다고도 한다. 자신이 실직했다는 것을 알면 가족이 실망하고, 자신의 무능을 비난하고, 가장으로서의 체면이 깎인다고 생각한다.

하지만 가족이나 자녀들에게 실상을 알리지 않고 감추는 것은 바람직하지 못하다. 물론 처음에는 실직했다는 소식을 듣고 가족들이 놀랄 것이다. 그리고 앞으로 살아갈 일에 대해 염려도 할 것이고, 실망도 할 것이다. 하지만 하루 이틀이면 모를까 한집에서 사는 가족들을 오랫동안 완벽하게 속일 수는 없다. 언젠가는 가족들도 눈치를 챌 것이고 결국은 비밀이 탄로 날 것이다. 그러면 가족들은 정말 실망할 것이다. 그리고 비밀의 내용 때문이 아니라 자신들이 속고 있었다는 사실에 더 화가 날 것이다. 그리고 상대에게 자신의 존재는 어떤 의미인지 회의를 품게 된다. 한번 신뢰를 잃으면 다시 회복하기가 쉽지 않다.

부부간의 불화를 감추는 경우에도 자녀들은 부모가 자신들을 속이고 있었다는 것을 뒤늦게 깨닫는 것보다는 오히려 부모들이 솔직하게 털어놓는 것을 더 좋아한다. 자녀들은 그 나름대로 자신의 환경에 적응하는 능력을 가지고 있다. 처음에는 당황하고 슬퍼하겠지만 나름 살길을 찾는다. 그리고 이해하려고 노력한다.

사실 어느 누구도 비밀을 가지고 살고 싶지는 않을 것이다. 감추는 것도 적지 않게 힘들 뿐만 아니라, 비밀이 탄로 날까 봐 항상 전전긍긍하며 지내야 하기 때문이다. 하지만 실토했을 경우 오는 결과가 두렵기 때문에, 망설이고 회피하게 된다. 더구나 부정적 사건은 가장 친밀한 사람에게 털어놓기가 더 어렵다. 왜냐하면 사실을 알리고 부정적 결과가 올 경우 그 심리적 타격이 더 크기 때문이다.

하지만 가족은 모든 것을 공개하고, 또 위로를 받을 수 있는 거의 유일한 조직이다. 가족 때문에 상처를 받는 것도 사실이지만, 결국 가족으로부터 위로를 받고 새로운 힘을 얻을 수 있다. 마지막까지 우리를 보호해줄 수 있는 것도 가족이다. 그렇기 때문에 거의 모든 조사에서 가족이 있는 사람이 없는 사람보다 삶의 만족도가 높고, 더 건강하며, 더 오래 산다.

부정적 사건은 감추다가 탄로 나는 것보다는 솔직히 고백하는 것이 사태를 해결하고 재기할 수 있는 힘을 얻는 데 더 효과적이다. 다만 긍정적 효과를 가져올 수 있도록 말하는 방법을 알아야 한다. 일반적으로 부정적 사건에 대해 말하는 경우, 그 경위를 자세히 설명하려고 한다. 그리고 자신도 어쩔 수 없었다는 것을 설득하려고 한다. 설명과 설득은 사태를 원만하게 해결할 수 있는 방안 중 하나다.

하지만 설명과 설득이 기대했던 것만큼 효과가 없는 경우도 많이 있다. 상대방은 그 이야기에 설득되기보다 오히려 비밀을 숨겼던 상대방의 무능함에 대한 변명이나 책임 회피로 받아들일 수도 있기 때문이다. 부부간이나 가족 간의 친밀한 유대가 긍정적인 상황에서만 가능한 것은 아니다. 부정적 상황을 함께 타개해나가면서 유대가 더욱 강해지는 경우도 많다. 결혼 서약문에 '즐거울 때나 괴로울 때나 함께'라는 말이 들어가는 것도 그런 이유일 것이다.

부정적 사건을 함께 공유하고 타개책을 모색하는 데 가장 좋은 방법은 진솔하게 감정을 전하는 것이다. 실직이나 부부간의 갈등일 경우, 제일 마음에 걸리는 것은 가족들이 걱정하는 것이다. 그리고 그런 사태를 만들어서 미안한 것이다. 상대방이 염려할 것이라는 마음을 공감하고, 동시에 자신의 마음도 솔직하게 전하는 것이 좋다. 예를 들면 "내가 실직해서 가족들이 얼마나 염려가 크겠니? 그런 염려를 끼쳐서 정말 미안하다"라고 표현한다. 또는 "엄마 아빠가 싸워서 너희들이 얼마나 두렵고 걱정이 되니? 그렇게 만든 엄마가 너무 미안하다"라고 전하는 것이다.

여기서 중요한 점은 장황하게 현재의 상황을 자세히 설명하거나, 상대방에게 그 책임을 돌리는 것은 금물이라는 점이다. "내가 실직하게 된 것은 당신 책임이다"라거나 "엄마 아빠가 싸우는 것은 너희들 때문이다"라는 식으로 이야기하면 오히려 사태가 악화될 뿐이다.

우리는 자신의 잘못을 인정하는 것은 부끄러운 것이고, 다양한 방책을 사용하여 그 책임을 모면하는 것이 처세의 길이라고 배웠다. 하지만 우리 모두는 자신이 부족하다는 것을 깨닫고 살아간다. 그 덕분에 가능하면 잘못을 저지르지 않으려고 노력한다. 하지만 상대방이 자신의 부족함을 인정하고 미안한 감정을 표현하면 비난하기보다 오히려 그 처지에 공감하고 위로하려는 마음을 가지게 된다. 그 대상이 제일 사랑하는 가족인 경우에는 더 말할 나위도 없다.

'요람에서 무덤까지' 우리는 가족과 함께 간다. 가족은 즐거움도 함께하지만 어려움도 함께하는 관계이다. 다만 서로 진솔한 마음을 표현하면서 살아갈 때 그 관계는 더욱 돈독해진다. 가족끼리는 "사랑한다"와 "미안하다"는 말을 아끼지 말고 표현해야 한다. 그러면 "엄마 아빠, 힘내세요. 우리가 있잖아요!"라는 합창이 들려올 것이다.

이제 자신의 삶을
살아야 한다

사람은 태어나서 성장하고 결혼하여 자녀를 낳아 기르다가 나이가 들면 죽는다. 이 과정에서 발달 단계를 거친다. 이 과정을 발달주기라고 부른다. 각 시기에는 다른 시기와 다른 특징이 있고, 또한 그 시기에 해결해야만 하는 발달과제가 있다. 각 시기의 과제를 성공적으로 수행하지 못하면 다음 시기를 성공적으로 보내기가 쉽지 않다. 미처 해결하지 못한 과제에 계속 집착하기 때문에 충분한 발달을 이룰 수 없다.

개인과 마찬가지로 가족도 발달해간다. 각 발달단계를 보면 그 구조나 기능에 공통적인 특징과 변화가 나타난다. 각 단계 및 그에 해당하는 시기의 표준을 측정한 것이 가족주기家族週期이다. 가족주기는 가족이 생성되어 유지되고 소멸되기까지의 과정을 말한다. 부부와 미혼의 자녀로 이루어지는 핵가족을 모델로 삼는다면, 가족은 성인 남녀의 결혼에 의해 성립되며 신혼기·육아기를 거쳐 성인이 된 자녀가 결혼하고 독립하면 다시 두 사람만 남아 중년기와 노년기를 보내게 된다.

2020년 통계청의 '혼인이혼통계'에 의하면 우리나라 남자의 평균 초혼연령은 33.2세이고 여자의 초혼연령은 30.8세로 10년 전 대비 각각 1.4세, 1.9세 상승했다. 이 조사에 따르면 우리나라의 평균적인 가족은 남녀 모두 30대 초반에 시작된다. 남녀 간의 평균 초혼연령 차이는 2.5세다. 그리고 첫 자녀를 출산한 어머니의 평균 연령은 2020년 기준 33.1세이다. 결혼한 지 평균 2.3년이 지나면 첫아이가 태어난다. 둘째 아이는 평균 결혼 후 5.7년이 된 때 태어났다. 우리나라 부부의 평균 출생아 수는 1.8명이었다. 요즘에는 비혼, 비출산을 택하는 이들도 많고, 자녀가 있어도 외동인 경우가 많지만, 지금 중년기에 들어선 부모라면 일반적으로는 2명 정도의 자녀가 있는 경우가 많을 것이다. 이를 기준으로 생각해보자.

점점 빨라지는 경향이 있기는 하지만 중학교에 입학하는 시기인 13세를 청소년기의 시작이라고 보면 아버지의 나이가 48.5세, 어머니의 나이가 46.1세일 무렵에 첫 자녀는 청소년이 된다. 즉, 부모가 중년기에 접어드는 시기에 자녀는 청소년기에 접어든다. 부모와 자녀의 생애발달주기를 가족주기와 함께 살펴보면, 첫 번째 시기는 부모가 젊고 자녀가 어린 시기이다. 두 번째 시기는 부모가 중년이고 자녀가 청소년인 시기이다. 그다음에는 부모가 노년이고 자녀가 성인인 시기이다. 마지막으로 부모가 사망하고 성인인 자녀만 남는 시기가 온다.

각각의 가족 구성원들은 이 과정에서 서로 밀접한 영향을 주고받으며 발달을 이루어간다. 가족주기 중에 가장 갈등이 많은 시기는 부모가 중년이고 자녀가 청소년일 때이다. 개인의 생애주기 중 제일 심리적 갈등이 많고 불안정한 두 시기, 즉 중년기와 청소년기가 겹치기 때문이다. 부모는 부모대로 중년기의 과제를 해결하기 위해 갈등이 많은데, 청소년기에 들어간 자녀 역시 많은 갈등을 일으키기 때문이다.

중년기의 여러 가지 변화와 갈등을 겪으며 인정하고 싶지 않지만 결국 자신이 더 이상 젊지 않다는 것을 인정하게 되면, 중년의 부모는 자녀를 통해 자신의 한계를 극복하려고 한다. 그런 면에서 자녀가 잘되는 것이 곧 자신의 한계를 극복하고 영원히 사는 길이라고 느낀다. 그래서 자녀에게 더욱 관심을 쏟고 자녀와 많은 시간을 함께하며 친밀한 관계를 유지하려고 한다. 그리고 자녀가 성공적 삶을 살아갈 수 있도록 자신의 경험과 지혜를 나누어주려 한다.

한편 청소년靑少年은 문자 그대로 어린이少年과 어른靑年이 함께 혼재하는 시기이다. 한마디로 정의하면 '더 이상 어리지는 않지만 그렇다고 어른도 아닌' 시기이다. 어린이다운 삶에서 벗어나 어른의 삶을 살 준비를 하는 시기이다. 생물학적으로는 생식生殖이 가능한 시기로의 변화를 겪고, 심리적으로는 부모에게 의존하는 상태에서 벗어나 성인으로서 독립적으로 살아갈 준비를 하는 시기이다. 부모에게 의존하고 싶은 마음과 독립하려는 마음이 혼재하기 때문에 심리적으로 갈등이 많고 불안정하다.

이 시기에 자녀와 가까워지려는 부모와 달리 청소년 자녀는 부모와 신체적으로도 심리적으로도 멀어지려고 한다. 부모에게서 독립하기 위해 청소년 자녀들은 의식적으로 부모를 무시하는 듯한 태도를 보이고, 부모를 원망하기도 한다. 어렸을 때는 양순하고 부모를 잘 따르던 자녀가 갑자기 대들고 반항한다. 부모의 입장에서 보면 도저히 이해할 수 없지만, 세상에 이유가 없는 행동은 없다. 다만 그 행동의 의미를 이해할 수 없을 뿐이다. 이들이 부모를 비난하고 불손한 행동을 하는 것은 사실 "이제 나도 독립해야만 해요. 더 성숙해서 돌아올게요. 조금 기다려주세요!"라고 호소하고 있는 것이다.

중년의 부모, 특히 아버지들은 자녀들의 무례한 행동이나 언어를 유독 참기 힘들다고 호소하곤 한다. 하지만 부모에게 공개적으로 대드는 청소년 자녀는 오히려 아무 말 없이 순종하는 자녀보다 심리적으로 더 건강할 수 있다. 이런 자녀는 청소년기에 해결해야 할 발달과제를 수행하고 있으며, 다만 그 모습이 거칠게 나타날 뿐이다. 순종적인 자녀는 아직 부모에게서 심리적으로 독립할 준비가 안 되어서 계속 의존적인 관계를 유지하느라 순종하는 것일 수도 있다.

이 시기는 부모와 자녀 모두 중요한 삶의 과제를 해결하려고 노력하는 때이다. 이 과정에서 서로 상대방을 이해하지 못하면 불필요한 갈등이 증폭되고, 회복할 수 없는 마음의 상처를 입을 수 있다. 자녀만 부모에게서 독립하는 것이 아니라 부모 역시 자녀에게서 독립해야 한다. 자녀를 위해 희생했다는 마음에서 벗어나, 이제부터는 자신의 삶을 살아갈 준비를 해야 한다. 그리고 더 이상 자녀를 붙잡지 말고 떠나보내야 한다. 그래야만 떠날 때보다 더욱 성숙한 모습으로 다시 돌아오게 된다.

마음의 판을
바꿀 수 있는 용기

"그동안 수고하셨습니다. 이제 퇴장하십시오. 이제 저희가 만들어가겠습니다. 50년 동안 같은 판에서 계속 삼겹살 구워 먹으면 고기가 새까매집니다. 판을 갈 때가 왔습니다." 정당과 이념을 달리하는 사람들에게도 큰 갈채를 받았던 촌철살인의 달인 고 노회찬 의원의 어록은 지금까지도 회자되고 있다. 그중에서도 압권이라고 할 수 있는 것이 소위 '판 교체론'이다.

같은 판에 계속 고기를 구우면 먼저 구웠던 고기들의 찌꺼기들이 남아서 타들어가기 때문에 새 고기를 넣어도 고기 맛이 제대로 나지 않는다. 결국 탄 고기 맛이 날 뿐이다. 결국 새 고기는 새 판에 구워야 맛을 제대로 음미할 수 있다. 고기를 구워본 사람은 누구나 다 쉽게 수긍할 수 있을 것이다. 정권 교체가 필요하다는 자신의 소신을 이렇게 간결하면서도 쉽고 재미있게 비유적으로 표현하기도 쉽지 않을 것이다.

　모든 비유가 그렇듯이, '판 교체론'은 비단 고기를 구울 때만 해당되는 것은 아니다. 우리 마음의 판도 수시로 점검하고 갈아야 한다. 판을 새것으로 자주 갈아야 고기가 제맛을 다 내듯이, 우리 마음의 판도 자주 갈아야 세상을 왜곡하지 않고 있는 그대로 정확하게 지각하고 처신할 수 있다. 만약 오래된 판을 계속 사용한다면 과거의 잔해들이 남아서 새로운 세계에 효율적으로 적응할 수 있는 능력이 떨어질 수밖에 없을 것이다.

　우리 모두는 나름대로 세상을 이해하는 마음의 판을 가지고 있다. 이것을 '준거틀' 또는 '준거체계準據體系'라고 부르는데, 이 틀을 기준으로 삼아 우리 각자는 자신이나 타인의 행동의 옳고 그름을 판단하고, 자기와 남을 비교하고 평가한다. 또 이 준거틀을 규범이나 가치를 판단하는 표준으로 삼기도 한다.

　이 준거틀이 유연하고 항상 새롭다면 자신과 다른 사람에 대해 합리적이고 정확한 판단을 할 수 있다. 또한 변화하는 환경에 잘 적응할 수 있다. 하지만 이 준거틀이 견고하고 오래된 것이라면, 경직되고 완고하거나 자신이 원하는 대로 다른 사람과 환경을 지배하고 통제하려 하기 쉽다. 오래 사용하는 동안 이 판에는 과거의 경험에서 초래된 많은 감정의 응어리들이 남아 있어서, 새로운 환경에 유연하게 적응하기보다는 과거의 행동 패턴을 되풀이하게 된다.

　만약 어떤 사람이 가만히 앉아 있어도 다른 사람들이 알아서 음식을 갖다 주는 것이 최선의 접대를 받는 것이라는 준거틀을 가지고 있다고 하자. 이 사람은 아무리 최고급 호텔의 식당이라도 만약 뷔페식 식당이라면 제대로 즐기지 못할 것이다. "어떻게 내가 일일이 음식을 접시에 담아 와야 한다는 것인가?"라고 속으로 생각하면서 자신을 이런 식당으로 초대한 사람을 못마땅하게 생각할 것이다. 이 사람은 맛있는 음식을 얼마든지 골라 먹을 수 있는 선택권이라는 새로운 준거틀을 가져야만 비로소 뷔페식 식당을 즐길 수 있을 것이다.

매우 아름답고 매력적이며 밝은 성격을 가지고 있는 30대 중반의 여성이 있었다. 주위에는 이 여성과 교제하기를 원하는 남성들이 끊이지 않았다. 그리고 이 여성도 남성과 교제하는 것을 피하지 않았다. 그런데 그녀는 사랑에 빠져 상대와 사귀는 초기에는 매우 적극적이지만, 상대에게서 결혼하고 싶다는 이야기가 나오는 즉시 그에 대한 호감이 사라지고 관계는 급하게 식는 것이었다. 이런 일이 한두 번이 아니라, 지금까지의 모든 남성과의 관계에서 동일하게 진행되었고, 그래서 그동안 자신을 매우 사랑하는 좋은 상대를 여럿 만났지만 아직까지 미혼이었다. 이런 관계가 되풀이되자, 그녀는 혹시 자신에게 무슨 문제가 있는지 알아보고자 상담을 받으러 왔다.

상담을 통해 이 여성의 마음에는 결혼에 대한 두려움이 있다는 것이 밝혀졌다. 또 이런 두려움은 예전에 어머니와 어린 자신을 두고 다른 여성에게로 떠나버린 아버지와의 관계에서 생긴 것이라는 것도 알게 되었다. 그녀는 결혼하면 모든 남성이 아버지처럼 결국 자신을 떠날 것이라는 '마음의 판'을 가지고 있었던 것이다. 계속 이 판을 가지고 남성과 관계를 맺는 한 이 여성은 결혼하기가 쉽지 않을 것이다.

해수욕장에 가면 다양한 색안경을 쓰고 피서를 즐기는 사람들을 볼 수 있다. 그중에 한 사람은 빨간 색안경을 끼고 있고, 또 다른 사람은 파란 색안경을 끼고 세상을 바라본다고 생각해보자. 빨간 색안경을 쓴 사람에게는 세상이 기본적으로 빨갛게 보인다. 마찬가지로 파란 색안경을 끼고 있는 사람들에게는 세상은 파랗게 보일 것이다. 이 두 사람이 서로 세상은 어떤 색깔인지에 대해 토론하는 장면을 가정해보자. 아마 자신들이 색안경을 끼고 있다는 사실을 모른다면 큰 논쟁이 벌어질 것이다. 당연히 빨간 색안경을 끼고 있는 사람은 세상이 빨갛다고 주장할 것이고, 파란 색안경을 쓰고 있는 사람은 세상이 파랗다고 주장할 것이다. 다른 사람들도 모두 자신처럼 세상을 본다고 믿고 살아온 사람이 자기와는 전혀 다르게 세상을 바라보는 사람이 존재한다는 것을 깨닫는다면, 몹시 당황스러울 것이다. 이 두 사람은 처음에는 상대방에게 좋은 말로 틀렸다고 타이르겠지만, 곧 상대에게 진실을 알려주기 위해 설명하고, 설득하고, 더 나아가 심한 언쟁까지 할 것이다.

우리 모두는 나름의 색안경을 끼고 있다. 너무나 복잡하고 변화무쌍한 이 세상과 효율적으로 관계를 맺기 위해 우리는 각자의 색안경, 즉 나름대로의 '준거틀'을 가지고 세상을 바라보는 것이다. 이 준거틀이 한때는 세상과 효율적으로 관계를 맺게 해주는 역할을 했지만, 지나치게 오래 고정되어 있다면 새로운 환경에 효율적으로 적응하는 데 방해가 된다. 과거 감정의 응어리들과 생각의 틀이 그대로 남아 있기 때문이다. 안경도 수시로 닦아야만 대상을 또렷하게 볼 수 있는 것처럼, 변화하는 세상에서는 삶의 모든 영역에서 수시로 준거틀을 점검하고 판에 남아 있는 부스러기들을 말끔히 닦아야 한다. 그리고 필요하면 때때로 판을 바꿀 수 있는 용기를 가져야 한다.

내 인생의 목적은 무엇인가

꼰대라는 말이 싫다면
알아야 할 것

    권위權威는 우리가 버려야 할 전통 문화의 하나라고 강조하는 견해가 있다. 더구나 평등한 관계를 중시하는 현대 사회에서는 더욱더 권위는 타파해야 하는 구시대의 유물로 취급받기도 한다. 그러나 다른 한편에서는 지금 우리 사회가 효율적으로 의사결정을 하지 못하고 갑론을박甲論乙駁하면서 자신만이 옳다고 주장하면서 갈등을 심하게 겪는 이유가 바로 갈등을 중재하고 조정할 수 있는 권위를 가지고 있는 존경할 만한 리더가 없기 때문이라고 안타까워한다. 그렇다면 가정과 같은 작은 조직에서나 국가와 같은 큰 조직이 효과적으로 운영되기 위해 과연 권위는 필요한 것인가 아니면 버려야할 것인가?

    '권위 authority'는 사전적인 의미로는 '남을 지휘하거나 통솔하여 따르게 하는 힘, 또는 어떤 분야에서 사회적으로 인정받고 영향력을 행사할 수 있는 능력이나 위신威信'을 말한다. 권위를 가지고 있는 사람은 다른 사람을 움직일 수 있는 힘이나 영향력을 가지고 있다. 따라서 권위의 핵심은 다른 사람들을 자신이 원하는 방향으로 행동할 수 있도록 만드는 '힘power'이다. 권위를 많이 가지고 있을수록 더 강력한 힘powerful을 가질 수 있고, 더 많은 사람을 자신이 원하는 방식대로 행동하게 만들 수 있다.

그렇다면, 권위의 핵심 즉 다른 사람을 움직일 수 있는 힘은 어디에서 오는가? 바로 이 점에서 권위는 두 가지로 나뉜다. 권위를 뜻하는 영어의 명사 'authority'는 두 개의 형용사로 나뉘어진다. 하나는 우리말의 '권위 있는'과 같은 뜻의 'authoritative'이다. 예를 들면, "저 분은 국악에 권위가 있다"라든지 "저 분이 이 조직에서 제일 권위 있는 분이야" 또는 "나는 이 분야에서 권위자가 되고 싶어" 등과 같은 의미로 쓰이는 단어이다. 이런 의미에서의 '권위'는 '어떤 분야에서 사회적으로 인정받고 영향력을 행사할 수 있는 능력이나 위신'을 뜻한다. 당연히 이런 권위를 많이 가지면 가질수록 좋은 것이고, 동시에 많은 사람들을 자신이 원하는 방향으로 행동하도록 만들 수 있다.

갑甲과 을乙이 어느 분야에 대해 서로 다른 의견을 가지고 논쟁을 할 때, 양쪽이 다 인정하는 그 방면의 권위자가 '결론'을 내리면, 양쪽이 다 수긍하고 끝없는 논쟁에 따른 불필요한 갈등을 해소할 수 있다. 가정에서 부모가 '권위'를 가지고 있으면, 자녀들끼리의 갈등이 있을 때 '한 말씀'해 주시는 것으로 일거 一擧에 해결할 수 있다. 반대로, 부모가 권위가 없을 때는 어느 자녀도 그 말에 따르지 않고 계속 갈등할 수밖에 없다.

더 큰 조직, 심지어는 국가와 같이 큰 조직에서도 마찬가지이다. 국가는 수없이 대립되는 많은 이해 당사자들이 서로 자신의 이익을 극대화하기 위해 다투고 경쟁하는 곳이다. 동시에 많은 대립되는 의견들과 사상들이 서로 강하게 격돌하는 곳이기도 하다. 거의 같은 곳에서 같은 시간에 국가의 특정한 정책에 '찬성'하는 쪽과 '반대'하는 쪽이 자신의 의견에 동조하는 세력들을 모아 '큰 목소리'를 내려고 아우성이다.

이런 경우에도, 만약 양 측에서 다 인정하는 권위자가 있다면 갈등은 쉽게 해결될 수 있다. 많은 사람들의 '큰 목소리'도 중요하지만, 권위자의 '한 말씀'이 사태 해결에 훨씬 도움이 될 수 있기 때문이다. 특정한 정치적 이슈에 직접적으로 관여되어 있지 않은 관망자들도 권위자의 판단을 따르게 되고, 그 판단에 따르지 않는 집단은 결국 편파적이고 이기적인 집단으로 매도되어 그 영향력을 잃게 된다.

또 다른 하나는 우리말의 '권위적인'에 해당하는 'authoritarian'이다. 예를 들면, "우리 사장님은 너무 권위적이야"라든지 "나는 그 사람의 권위적인 태도가 싫어" 등의 대화에서 쓰이는 의미이다. 종종 '권위주의적 성격'이라는 말도 특정 사람을 지칭하는 의미로 쓰이기도 한다. 이는 권위의 사전적 의미에서 '남을 지휘하거나 통솔하여 따르게 하는 힘'이 부정적으로 쓰일 때 사용된다. 이 힘이 잘못 사용되거나 나타나면 '반민주적' '독재적' 등의 의미와 유사하게 쓰이게 된다.

'권위 있는'것과 '권위주의적인'것은 권위의 핵심인 '남을 움직이는 힘'이 어디서 오는지 즉 힘의 원천이 어디에 있는지에 따라 구별된다. 힘은 크게 두 가지 원천에서 나온다. 하나는 '능력'또는 '과제수행력'에서 나온다. 어느 분야나 업종에서도 그 분야에서 요구하는 역할이나 과제를 잘 해낼 수 있는 능력이 있다. 만약 한 학자가 자신의 연구 분야에서 탁월한 능력과 업적을 인정받는다면, 그는 그 방면에 '권위 있는' 교수가 된다. '노벨상'이 고귀한 이유는 바로 그 상의 수상자는 전 세계적으로 '권위자'로 인정받게 된다는 점에 있다. 만약 제비뽑기로 수상자를 정한다면, 누가 노벨상과 수상자의 권위를 인정하겠는가?

힘의 또 다른 원천은 '지위나 신분'이다. 다른 사람을 지휘하고 통솔할 수 있는 힘이 당사자의 지위나 신분에서 나온다면 이것은 '권위주의적'인 것이 된다. 예를 들면, 종교지도자로서의 권위가 자신의 능력에서 나오는 것이 아니라, 자신의 신분 즉 '승려'나 '목사'나 '신부'라는 신분에 의해 행사된다면 이들은 '권위주의적'인 종교지도자가 된다. 권위주의적 힘을 행사하는 사람들은 당연히 자신의 지위나 신분을 과시하고 이용하려고 노력한다.

이 둘은 다른 사람과의 관계에서도 극명하게 차이가 난다. 자신의 능력에서 나오는 권위를 가지고 있는 사람은 다른 사람에게 베푸는 것을 즐긴다. 왜냐하면, 능력은 아무리 다른 사람에게 베푼다고 해도 줄어들지 않기 때문이다. 오히려 주면 줄수록 자신의 권위는 더 높아지고 영향력은 더욱 더 커진다. 아랫사람들도 권위자를 존경하고 자신도 그렇게 되려는 '역할모델'로 삼기 때문에 관계가 친밀하고 상호 보완적이게 된다. 당연히 그 관계는 민주적이고 화기애애和氣靄靄하게 된다.

반대로 '권위주의적' 힘은 다른 사람과 나눌 수가 없다. 자신의 지위에서 나오는 권위를 행사하는 사람은 당연히 그 지위를 다른 사람과 나눌 수 없다. 지위나 신분은 그 속성상 다른 사람에게 나누어주거나 공유할 수 없기 때문이다. 자신이 다른 사람을 통솔할 수 있는 힘을 가진 이유가 '사장'이라는 지위에서 나오는 것이라면, 이 사람은 당연히 사장의 지위를 다른 사람과 공유할 수 없고, 더 나아가 다른 사람이 자신의 지위나 신분을 노리는 것이 아닌지 항상 경계와 의심의 눈초리를 지울 수 없다. 그는 자신의 지위가 없어지는 바로 그 순간 자신의 힘도 없어진다는 슬픈 사실을 너무나 잘 알고 있기 때문이다. 아랫사람은 능력도 없는 사람이 단지 지위가 높다는 것 때문에 명령을 내리는 사실을 전적으로 받아들일 수 없기 때문에 불평이 싹튼다. 겉으로 드러나는 복종은 피상적일 수밖에 없고, 호시탐탐 그 자리를 빼앗을 기회를 노리게 된다.

권위 있는 사람은 자신의 지위나 신분을 구태에 드러낼 필요가 없다. 아버지가 가정에서 역할을 잘 하는 지의 여부는 가족이 잘 알고 있다. 따라서 "내가 아버지인데……"라는 말을 할 필요가 없다. 자녀들이 이미 아버지를 존경하고 따르기 때문이다. 반대로, 능력이 없는 아버지는 자주 자신이 아버지라는 것을 강조하게 된다. "내가 그래도 아버지인데, 너희들이 어떻게 내 말을 안 들을 수 있니?" 자녀들이 말을 안 듣는다는 것은 이미 자녀들이 아버지의 역할을 제대로 못하고 있다고 평가한다는 뜻이다. 이처럼 자신의 지위나 신분을 자주 나타낼수록, 그는 권위적인 사람이 되어가고, 자신의 무능력을 널리 알리는 결과를 초래할 뿐이다.

권위 그 자체가 이롭거나 해로운 것이 아니다. 따라서 권위 그 자체는 버릴 것도 아니고 지킬 것도 아니다. 다만 권위의 긍정적 측면, 즉 능력과 과제수행력에 기인하는 권위는 한 조직을 유지하기 위해서는 절대적으로 필요하므로 계속 유지하고 조장해야 한다. 그리고 다방면에서 다양한 권위자가 나오도록 교육해야 하고 그 권위를 인정해주어야 한다. 반면에 권위의 부정적 측면, 즉 지위와 신분에 의한 권위주의는 배격해야 한다.

중년은 지위나 신분에서 절정에 있는 시기이다. 따라서 중년은 힘이 많다. '힘'을 가진 사람이 '능력'도 동시에 가지고 있는 것이 제일 바람직한 것은 말할 필요도 없다. 다만, "그래도 내가 ○○인데, 어떻게 너희들이 내 말을 안 들을 수 있냐?"라는 말을 하는 중년이 되지 않도록 계속 자신의 영역과 맡은 역할에서 능력을 키워나가야 한다. 중년을 비하해서 일컫는 '꼰대'라는 말은 '권위주의적'인 중년이라는 말과 동의어이기 때문이다.

문제해결력은 중년이
가장 뛰어나다

　중년을 넘기고 있는 사람들과 만나 이야기하다 보면 거의 예외 없이 "젊었을 때는 기억력이 참 좋았는데 지금은 멍청이가 되어버렸다"라며 안타까워하는 모습을 볼 수 있다. 그들이 젊었을 때 실제로 어땠는지는 확인할 수 없지만, 많은 사람들이 그렇게 이야기하는 것을 보면 크게 틀린 말도 아닐 것이다. 기억력에 대한 실증적 연구 결과들을 보아도 일반적으로 연령이 증가하면서 기억력이 감퇴한다. 왜 그럴까?

　과거에 발생했던 사건이나 외부에서 들어온 정보를 우리 기억 속에 저장했다가 나중에 필요할 때 회상하는 과정은 부호화, 저장, 인출의 세 가지 과정으로 이루어져 있다. 맨 처음 과정은 여러 가지 자극을 우리가 쉽게 기억할 수 있도록 잘 분류하는 과정이다. 이런 작업을 '부호화符號化'라고 부른다. 우리가 경험하는 자극들은 시각, 청각, 촉각 등의 방법으로 부호화된다. 기억을 잘하기 위해서는 먼저 정보를 잘 부호화해서 저장할 필요가 있다.

부호화 과정은 서류를 체계적으로 분류해두면 나중에 필요할 때 훨씬 찾기 쉬운 것과 유사하다. 만일 여러 가지 서류와 자료를 아무런 체계 없이 이곳저곳에 그때그때 손닿는 곳에 놓아둔다면 나중에 필요할 때 찾기 어렵다. 서류를 체계적으로 분류하지 않아서, 급할 때 필요한 서류를 찾지 못해 당황하며 모든 서류철을 허겁지겁 다 뒤져본 경험이 있을 것이다. 즉, 부호화를 제대로 하지 않으면 필요할 때 쉽게 찾을 수 없다. 나이가 들면서 기억 능력이 떨어지는 이유 중 하나는 새로운 정보를 효율적으로 처리하지 못해 필요한 때 적절한 정보를 빨리 인출하지 못하는 것 때문이라고도 볼 수 있다.

온 가족이 오랜만에 함께 영화를 보러 갔다 와서 각자 영화를 본 소감을 이야기한다고 해보자. 젊은 자녀들은 그 영화 속의 구체적인 사건이나 활동에 대해 세세하게 이야기하는 경향이 있다. 하지만 중년 부모의 경우에는 세세한 줄거리보다는 주인공의 심리적 동기를 더 잘 기억하고, 그 주인공의 의도를 나름대로 해석하는 경향을 보인다. 이렇게 연령에 따라 같은 영화를 보았지만 기억하는 내용이 서로 다른 이유는 연령이 증가하면서 부호화 과정에 변화가 오기 때문이다. 나이가 들면 세세한 부분까지 부호화하지 않고 좀 더 넓게 요약된 정보를 저장하는 경향이 증가한다.

기억의 저장 과정은 감각기억, 단기기억, 장기기억의 세 과정으로 나눌 수 있다. 전화번호를 기억하려는 경우를 생각해보자. 처음에 전화번호를 잠깐 쳐다보면 그것은 감각기억이다. 만약 여기서 더 이상 기억하려는 노력을 하지 않으면 잠시 뒤에는 그 번호를 기억하지 못한다. 그러나 그 번호를 입속으로 몇 번 외우면 그 번호를 보지 않고도 전화를 걸 수 있게 된다. 이것이 단기기억이다. 그러나 단기기억도 특별한 노력이 없으면 몇 분 후에는 소멸된다. 하지만 그 번호로 여러 번 전화를 해보거나 자기가 이미 알고 있는 다른 번호와 연관 지어 외우거나 하는 연습을 하면 오랫동안 기억할 수 있다. 이것이 장기기억이다.

감각기억은 잠깐 동안만 기억하는 것이기 때문에 연령과 큰 상관이 없다. 즉, 어린이나 노인이나 감각기억 능력에는 큰 차이가 없다. 그러나 단기기억에는 연령에 따른 변화가 있다. 연령이 증가하면서 단기기억으로 기억하는 숫자, 단어 등의 자료가 줄어든다. 하지만 크게 염려할 필요는 없다. 지능검사 등의 결과를 보면, 중년기에도 일상생활을 하는 데 지장을 줄 만큼 단기기억이 감소하는 것은 아니기 때문이다. 단지 옛날에는 별반 노력을 하지 않아도 몇 번 입속으로 중얼거리면 잠시 동안이나마 외울 수 있었는데, 중년기에는 그렇지 않을 뿐이다.

하지만 우리가 일반적으로 이야기하는 기억은 장기기억을 의미한다. 장기기억은 문자 그대로 오랫동안 가지고 있는 기억이다.

예를 들면, 시골에서 함께 초등학교에 다니던 친구들과 소풍 가서 놀던 일은 지금도 또렷이 기억할 수 있다. 치매에 걸린 노인들도 방금 한 식사는 기억하지 못하지만 어렸을 때 고향에서 있었던 일들은 생생히 기억한다. 그런데 장기기억은 감각기억이나 단기기억보다 연령에 따른 차이가 크다. 사실 중년 이후의 일상생활에서 제일 곤혹스러운 것은 장기기억으로부터 정보를 인출하지 못하는 것이다. 기억력 감퇴는 단지 필요한 정보를 제때 기억하지 못하는 것으로 끝나는 것이 아니라, 중년들의 자존심에 큰 영향을 미치는 경우가 있다. 심한 경우에는 이러한 과제들을 제대로 수행하지 못하고, 우울증의 원인이 되기도 한다.

기억을 떠올리기 위해서는 꺼내는 과정, 즉 인출과정이 필요하다. 인출과정에는 크게 두 종류가 있다. 하나는 '회상回想'이고 다른 하나는 '재인再認'이다. 회상은 "한국의 수도는 어디인가?"와 같은 질문에 답할 때처럼 장기기억 속에 저장된 정보 중에서 답을 찾아내는 과정이다. 일상생활에서 제일 많이 사용하는 기억은 회상에 의존한다. 우리의 기억 속에 저장되어 있는 수많은 정보 중에서 제일 적합한 정보를 골라내어 회상하는 것을 일반적으로 기억력이라고 부른다.

재인은 "보기에 제시된 세 도시 중 서울과 제일 가까운 도시는 어느 곳인가?"라는 질문에 답할 때처럼 장기기억 속에 저장되어 있는 정보와 보기에 제시된 정답을 짝짓는 것이다. 일반적으로 재인이 회상보다 더 쉬우며, 우리는 때때로 회상은 하지 못하지만 재인을 할 수 있는 경우가 많다. 보통 주관식 문제를 풀 때는 회상을 사용하고, 객관식 문제를 풀 때는 재인을 사용하는데, 연령이 증가하면서 정보의 인출이 어려워지는 이유 중 하나는 회상 능력이 떨어지기 때문이다. 그에 비해, 재인 능력은 연령과 큰 상관이 없다.

나이가 들어가면서 기억력이 떨어지는 것은 일반적인 현상이다. 그리고 기억력에 관여하는 인지적 과정은 하나가 아니므로, 각 과정에 대한 이해와 관심을 가지고 노력하면 기억력 때문에 크게 염려할 필요는 없다.

기억력을 보존하기 위해서는 우선 주의집중과 연습이 필요하다. 특히 단기기억을 잘하지 못하는 것은 처음 정보를 부호화하는 과정에서 주의집중을 하지 않았기 때문이다. 젊었을 때 해결해야 하는 과제들은 대개 고도의 주의집중이 필요한 것이 많다. 조금 전에 연락했던 거래처의 전화번호를 빨리 기억해 낸다든지, 방금 헤어진 이성의 연락처를 알고 있다는 것 등은 결정적 순간에 중요한 차이를 만들 수 있기 때문에, 젊은이들은 세심하고 구체적인 사안에 자동적으로 더 집중하게 된다.

한편 젊은이와 달리 나이 든 사람들이 해결해야 할 사안들에는 살아가는 동안 쌓은 경험에 의해 더욱 넓은 시각에서 조망하는 능력이 필요하다. 여객기인지 군용기인지의 여부를 가리기 위해 다투는 어린이들에게 지나가던 어른이 "얘들아, 그건 둘 다 비행기야"라고 점잖게 타일렀다는 일화가 말해주듯이 때로는 그냥 '비행기'만으로도 필요한 대답이 되는 경우가 많다. 이럴 경우에는 여객기인지 군용기인지를 가리기 위해 불필요한 인지적 노력을 할 필요가 없는 것이다.

우리 주위에는 점차로 나이 들면서 떨어져가는 기억력을 보완해줄 많은 유용한 기기들이 하루가 멀다 하고 나오고 있다. 이제는 많은 친지들이나 거래처의 전화번호를 일일이 외우고 있을 필요가 없다. 우리 손에 있는 휴대전화는 예전에 집집마다 가지고 있던 두꺼운 전화번호부보다 더 많은 전화번호를 저장하고 있고, 거실에 비치해두었던 수십 권짜리 대백과사전보다 더 많은 양의 지식을 저장하고 있어서 어느 때 어느 곳에서나 쉽게 사용할 수 있기 때문이다.

지금은 한 개인이 기억하고 있는 정보의 양이 중요한 시대가 아니다. 예전에는 백과사전을 모두 가지고 다닐 수 없었기 때문에 머리에 저장하는 능력이 중요했다. 학교에서 보는 시험에서 좋은 성적을 내기 위해서는 달달 외우는 능력이 절대적이었다. 하지만 아무리 기억력이 좋아서 많은 정보를 머릿속에 저장하고 있는 사람도, 한 포털사이트의 '지식인'을 이길 수는 없다. 이제 정말 중요한 것은 주어진 정보를 이용해서 문제를 해결하는 능력이다. 그리고 다행스러운 것은 실제적인 문제해결 능력은 중년기에 절정에 달한다는 사실이다.

인생의 절정기

사람을 평가할 때 '머리가 좋다' 혹은 '둔하다' 등으로 표현하는 경우가 많다. 머리가 좋다거나 나쁘다고 말하는 것은 '지능'과 관련이 있다. 즉, 지능이 높다 혹은 낮다는 말로 바꿀 수 있다. 머리가 좋다는 것은 지능이 높다는 것이고, 머리가 나쁘다는 것은 지능이 낮다는 것을 의미한다. 그렇다면 지능은 과연 무엇인가? 글자 뜻대로 간단히 말하면 '지적知的 능력'이다.

모든 어린이들이 교육을 받는 공교육 제도 아래서 일부 어린이들은 지적 능력이 부족해 학업 내용을 따라가지 못했다. 이런 어린이들에게는 특수한 교육이 필요했다. 그래서 일반 교육을 받을 능력이 떨어지는 학생을 미리 선별하여 특수교육을 받게 할 필요성이 대두되었다. 이런 필요를 만족시키기 위해 탄생한 것이 소위 '지능검사'이다. 즉 초기의 지능 개념이란 '학교에서 가르치는 내용을 이해할 수 있는 능력'이었다. 이 임무를 맡아서 처음 지능검사를 만든 프랑스 심리학자 비네^Alfred Binet^는 당시의 기분을 다음과 같이 밝혔다. "여태까지 누구도 본 적이 없는 동물을 잡으러 숲속으로 들어간 사냥꾼의 심정이었다. 그러한 동물이 존재한다는 것에는 의문의 여지가 없었지만 그 동물이 어떻게 생겼는지에 대해 설명할 수 있는 사람은 아무도 없었다."

비네가 지능검사를 개발한 이래로 과연 지능이 단일 능력인지 복합요인으로 구성되어 있는지에 대한 논쟁은 최근까지 계속되고 있다. 하지만 이제는 지능이 다양한 요인으로 구성된 복합적인 능력이라는 쪽으로 결론이 나고 있다. 지능이 복합요인으로 구성되어 있다고 주장하는 대표적인 심리학자는 스턴버그^Robert Sternberg^이다. 그는 통칭 지능이라고 부르는 지적 능력은 단일 요인으로 구성되어 있는 것이 아니라 구성적 지능, 경험적 지능, 상황적 지능 등 세 개 요인으로 구성되어 있다고 주장한다. 이는 한 사람이 세 가지 지능 중 어느 한 가지만 가지고 있다는 뜻이 아니라, 지적 능력에는 여러 가지 측면이 있다는 말이다. 그리고 한 사람은 이 세 가지 지능 중 어느 한 지능이 상대적으로 더 높거나 낮을 수 있다.

구성적 지능은 정보를 효율적으로 처리하는 능력이다. 우리가 일반적으로 '지능'이라고 부르는 것이 바로 이 구성적 지능인데, 새로운 지식을 획득하고 과제 해결에 논리적으로 적용하는 능력을 말한다. 일반적으로 학교에서 '머리가 좋다'고 평가받는 학생은 이

구성적 지능이 높은 학생들이다. 이들은 당연히 학교 성적이 좋으며 이 지능이 높은 사람들은 학창 시절에는 '우등생'으로 친구들의 선망의 대상이 된다. 왜냐하면 학교에서 배우는 지식은 이 구성적 지능을 사용하여 습득하고 평가하는 경우가 대부분이기 때문이다. 또 이 지능이 높으면 다른 사람들이 미처 알아차리지 못하는 부분까지 분석하는 능력이 돋보인다.

경험적 지능은 일반적으로 '통찰'이라고 부르는 것으로, 서로 관련이 없는 요소들을 연관시키거나 새로운 것을 유추할 수 있는 능력이다. 일반적으로 경험적 지능이 높은 사람들은 새로운 정보를 이미 알고 있는 정보와 관련시켜 문제를 해결할 수 있는 능력이 뛰어나다. 그리고 상황적 지능은 일반적으로 '직관'이라고 부르는 것으로, 일상의 문제를 해결하고 사회생활에 잘 적응하는 능력이다. 이는 정규 교육을 통해 길러지는 것이 아니라 일상 경험에 의해 획득하고 발달하게 되는데, 이 지능이 높은 사람은 현실에 적응하는 능력이 뛰어나다. 비록 학교에 다닐 때는 성적이 별로 좋지 않을 수도 있지만 후에 사업에 크게 성공하거나 현실적인 과제를 척척 해결하는 능력을 보이기도 한다. 즉 실생활에서는 경험적 지능보다는 상황적 지능이 더 중요해진다. 구성적 지능만 높고 상황적 지능이 떨어지는 사람은 '학교에서는 우등생이었는데 사회에서는 열등생'이라는 말을 듣는 경우도 있다.

스턴버그는 오랫동안의 교수 생활에서 만난 대학원생 A, B, C

를 소개하면서 이 세 지능의 차이를 설명하였다. 예를 들면, A는 대학에서 거의 전 과목에 걸쳐 A학점을 받은 우수한 재원이었다. 당연히 교수들의 추천서도 칭찬 일색이었다. B는 대학 성적은 아주 우수하지는 않았지만 평균 이상으로 무난했고, 추천서도 우수하다는 내용이었다. C는 학부 성적이 뛰어나지 못했다. 하지만 C를 추천한 교수들은 하나같이 C가 매우 독창적이라고 칭찬하였다.

이 세 학생이 모두 명문대학교의 대학원에 지원하였다. 만약 이 세 학생 중 두 명을 선발한다면 누구를 선발할 것인가? 대학원 입시 사정 결과, A와 B는 합격하였고 C는 불합격하였다. 그러나 C를 눈여겨본 스턴버그는 그를 연구조교로 채용하였다. 시간이 지나자 A는 처음에는 뛰어났지만 갈수록 평범해지는 모습을 보였다. B는 대학원에서의 성적도 무난했고, 좋은 직장을 구했다. 그러나 C는 일을 뛰어나게 잘해서, 그를 불합격 시킨 사람들을 놀라게 했다고 한다. 스턴버그에 의하면 A는 구성적 지능이 뛰어난 학생이었고, B는 상황적 지능이 뛰어난 학생이었으며 C는 경험적 지능이 뛰어난 학생이었다.

'머리가 좋다'는 말은 보통 구성적 지능이 높다는 말이다. 그리고 나이가 들어가면서 머리가 나빠진다는 말은 구성적 지능이 낮아진다는 것을 의미한다. 하지만 구성적 지능을 제외한 다른 지능은 나이가 든다고 해서 낮아지지 않는다. 또한 현실 생활에 적응하는 데에는 경험적 지능과 상황적 지능이 더 영향을 미친다. 사람들은 학창 시절과 비교하면서 자신의 구성적 지능이 낮아졌다는 것을 한탄하지만, 걱정할 필요가 없다. 학교에서의 우등생이 사회에서의 우등생이 아니라는 것은 만고의 진리이기 때문이다.

현실 세계에는 학교에서 말과 이론으로 가르칠 수 없는 수없이 많은 변수가 존재한다. 예를 들면 사회생활에서 제일 중요한 요소인 대인관계를 맺는 능력은 기존의 지능검사로는 측정할 수 없다. 또 현대 사회는 창의력을 필요로 하는 사회이다. 그런데 창의력은 통찰력이 뛰어나야 발휘될 수 있다. 즉 경험적 지능이 높아야 한다. 학교 성적은 '수렴적 사고'를 잘해야 하지만 창의력은 '확산적 사고'를 해야 한다. 그렇기 때문에 일정 수준이 넘으면 지능과 창의력은 큰 관계가 없다.

내가 다녔던 고등학교는 2학년 때 성적을 기준으로 3학년 때 학생들을 '우반優班'과 '열반劣班'으로 나누었다. 성적이 좋은 학생들은 우반, 그리고 성적이 떨어지는 학생들은 열반에 속했다. 당시 나도 성적이 좋지 않아서 '열반'에 속했다. 처음 열반에 속했을 때는 창피하기도 하고 또 미래가 어두운 것처럼 느껴져서 낙심하기도 했다. 하지만 고등학교를 졸업하고 40여 년이 지난 지금 돌이켜보면 당시 열반에 속해 있던 많은 친구들도 나름대로 성공적인 삶을 살고 있다. 반대로 우반에 속했던 친구들 중에서 사회에 적응하지 못하거나 어려운 삶을 사는 이들도 있다. 스턴버그 역시 사회에서 성공하려면 교과서에서 배운 지식보다 실용적 지식이 더 중요하다고 역설한다.

구성적 지능의 측면에서만 '머리'를 비교하여 과거보다 멍청해졌다고 슬퍼할 필요가 없다. 더구나 학창시절에 공부를 잘 못했다고 기죽어 살 필요도 없다. 이미 중년이 되면, '머리'가 좋은 것이 학창 시절에서나 중요한 것이라는 것을 경험적으로 터득하게 된다. 젊었을 때보다 예리한 면이 떨어질 수는 있지만, 그 대신 사회생활이나 인생에서의 성공에 필수적인 상황적, 경험적 지능과 연륜은 더 발달했다. 오히려 중년기는 연륜과 경험에서 우러나오는 '생활의 지혜'를 즐기며 살 수 있는 인생의 절정기絶頂期이다.

내 안에 있는 힘을
믿어야 한다

어렸을 때 처음 보고 너무 신기했던 장난감은 바로 오뚝이였다. 생긴 것은 볼품이 없었지만 이 녀석은 넘어지면 일어나고, 넘어지면 또 일어났다. 도대체 몇 번이나 일어날 수 있는지 궁금해 수없이 넘어뜨리다가, 결국 지쳐서 포기하고 말았다. 그러고는 '오뚝이는 원래 넘어지면 일어나는 거야'라고 결론을 내리고는 더 이상 넘어뜨리지 않았다. '걔는 원래 그런 거니까……. 그러니까 오뚝이지.'

그러다가 심리학에서도 오뚝이의 원리가 중요하게 연구되고 있다는 것을 알았다. 설명하는 용어와 적용되는 영역이 조금 달라졌을 뿐, 결국 '성공적인 삶은 오뚝이 같은 삶'이라는 것도 깨달았다. 오뚝이의 다른 이름은 '복원력復原力'이며 그것이 바로 우리 삶을 성공적으로 이끄는 큰 요인이라는 것을 알게 된 것이다.

지금도 생각할 때마다 가슴이 저려오는 세월호의 침몰도 그 기술적 원인은 복원력을 잃었기 때문이다. 배는 원래 잔잔한 호수만을 운항하는 것이 아니다. 높은 파도와 거센 바람을 헤치고 바다를 항해하는 배는 항상 기우뚱거리며 앞으로 나간다. 간혹 심하게 흔들릴 때도 있지만, 곧 다시 평형상태를 유지한다. 이 힘이 복원력이다.

우리의 삶도 잔잔한 호수를 운항하는 것은 아니다. 때로는 예상하지 못한 태풍도 불고 집채만 한 파도가 몰아치기도 하는 바다를 항해하는 것이다. 겉보기에는 팔자가 좋아 모든 것이 순풍에 돛 단 듯 쉽게 흘러가는 것같이 보이는 사람들의 삶도 그 속을 들여다보면 파도와 폭풍을 만나지 않는 경우는 거의 없다. 그렇다면 태풍이나 파도가 몰아치지 않도록 미연에 방지하는 것도 중요하지만, 더 중요한 것은 파도나 폭풍 속에서도 결국 평형을 되찾고 앞으로 나아갈 수 있도록 복원력을 키우는 것이 더 현실적이다. 자연현상은 우리가 통제하거나 피할 수 없지만, 우리 마음속의 복원력은 노력하면 얼마든지 키울 수 있기 때문이다.

젊었을 때는 실패해도 쉽게 일어나던 사람들이 중년에 한 번 넘어지고 나서는 다시 일어설 힘을 잃는 경우를 종종 볼 수 있다. 이들은 한결같이 "이제는 더 이상 일어설 힘이 없다"라고 자조적으로 이야기한다. 그리고 여러 가지 이유들을 열거한다. 그런데 그 이유들이 거의 대부분 외부적인 요인들이다.

오뚝이가 넘어져도 다시 일어날 수 있는 이유는 무게 중심이 아래에 있기 때문이다. 오뚝이의 원리를 몰랐을 때는 정말 신기했지만, 원리를 알면 간단한 것이었다. 오뚝이의 무게 중심을 위쪽으로 옮기면, 당연히 넘어진 뒤 일어나지 못한다. 즉, 겉모양은 오뚝이지만 더 이상 오뚝이가 아니다. 넘어져도 다시 일어나기 위해서는 복원력이 있어야 한다. 어떤 외부적 여건에서 넘어졌는지는 중요하지 않다. 다만 무게 중심이 어디에 있는지가 중요하다.

일상생활에서 어떤 사람을 평가할 때 "김 부장은 사람이 너무 가벼워"라든지 "박 대리는 나이는 어린 데도 진중하고 믿음직스러워"라고 평가한다. 그리고 중요한 일을 함께해야 할 동료를 구할 경우, 가능하면 가벼운 사람보다 믿음직스러운 사람을 선택할 것이다. 믿음직한 사람은 맡은 일을 성실히 수행하는 사람이다. 하지만 모든 경우에 성공하는 사람은 드물다. 그렇기 때문에 실패했을 때 주저앉지 않고 다시 일어설 힘이 있는 사람이 진짜로 믿음직스러운 사람이다.

삶을 살아가기 위해서는 앞으로 나아가는 힘이 있어야 한다. 목표를 향해 배가 앞으로 나아가기 위해서는 동력이 있어야 한다. 동력이 강하면 강할수록 앞으로 나가는 속도는 빠르고, 목표에 다다르는 시간도 줄어든다. 반면에 동력이 약하면 앞으로 나가는 속도가 더디다. 만약 동력이 없어진다면 아무리 뛰어난 성능을 가진 배라도 결국 그 자리에 멈추고 만다.

우리가 세상을 살아나가는 힘은 다른 말로 하면 자존감自尊感

이라 할 수 있을 것이다. 자존감은 문자 그대로 '자신을 귀하게 여기는 마음'이다. 자존감이 높을수록 의미 있는 삶을 살아가려는 힘도 강해진다. 의미 있는 삶에는 대부분 장애가 많다. 장애가 없는 쉬운 삶은 의미 없는 삶이다. 예를 들면, 장기나 바둑을 잘 두는 사람들은 가능하면 하수下手들과는 경기를 하지 않으려고 한다. 이겼다고 해도 별로 기쁘지도 않고, 큰 의미도 없기 때문이다.

목표를 달성했을 때 느끼는 성취감은 과제의 난이도에 달려 있다. 당연한 결과를 두고는 보람을 느끼지 않는다. 어려운 과제를 성취했을 때 즐거움과 보람이 더욱 커지는 것이다. 그래서 어쩔 수 없이 하수들과 경기를 해야 할 때는 일부러 장애를 만든다. 차나 포를 떼어주고 경기를 하는 것이다. 그래야 이겼을 때 즐겁다.

자존감이 높은 사람은 자신감이 강하다. '어떤 일도 성취할 수 있다는 믿음'이 강하다. 이 믿음, 자신감이 바로 마음의 복원력이 된다. 자신감이 강한 사람은 실패를 해도, 결국에는 자신이 목표를 이룰 것이라는 믿음이 있기 때문에 다시 일어날 수 있다. 반면 자신감이 적은 사람은 작은 어려움에도 포기하고 "내가 이럴 줄 알았어. 나는 아무 일도 안 돼" 하고 주저앉아버린다.

무게의 중심은 자신감의 원천이 어디인지에 따라 그 위치가 결정된다. 무게 중심이 아래에 있다는 것은 자신감의 원천이 자신 내부에 있다는 것이다. 반면에 무게 중심이 위에 있다는 것은 자신감의 원천이 외부에서 오는 것이라고 할 수 있다. 자신감의 원천이 내부에 있으면 다른 사람이 인정해주지 않아도 스스로 자신이 유능하다는 것을 알고 느끼게 된다. 이런 사람은 샘과 같은 삶을 살아간다. 오가는 사람들이 샘물을 마셔 저녁때가 되면 더 이상 물이 없을 것 같지만, 하룻밤만 지나면 또 그득히 샘물이 고여 있다. 장애물을 만나면 물론 힘들고 지치지만, 조금만 쉬고 나면 다시 힘이 돌아온다. 자기 스스로에게서 힘이 나오기 때문이다. 비록 실패했을 당시에는 넘어지지만 곧 다시 일어서는 힘을 스스로 낼 수 있다.

반면 무게 중심이 위에 있는 사람들은 남들의 인정을 통해서 자신감이 생긴다. 즉, 자신이 어떤 일도 성취할 수 있다는 믿음이 외부 사람들의 인정이나 칭찬에서 오는 경우이다. 이들은 다른 사람들의 인정이 지속되는 동안에는 자신감을 가질 수 있다. 하지만 그 인정이 사라지면 스스로 일어설 힘을 잃고 만다. 마치 '밑 빠진 독에 물 붓는' 것 같은 상황이 된다. 외부에서 물을 계속 붓는 동안에는 독에 물이 차서 넘치지만 하룻밤만 지나면 물이 다 마르고 만다. 그러면 또다시 외부에서 물을 부어야 한다.

중년은 삶의 절정에 있는 시기이다. 그만큼 많은 자원을 가지고 있는 시기이기도 하다. 하지만 이 자원에 지나치게 의존한다거나, 혹은 그 자원들이 외적인 것이라면 위험해진다. 그 자원들이 지위나 신분에 의해 주어진 것이라면 더욱 위험해진다. 그것들은 나의 것이 아니고 일시적으로 빌린 것이기 때문이다. 이 경우 언젠가는 잃어버릴 것을 감지하고 한사코 그것들을 소유하려고 온갖 궁리를 하지만, 아무리 필사적인 노력을 해도 결국 그것들은 나를 떠나게 되어 있다. 고위직에 있던 사람이 그 자리를 떠난 후 심한 우울증에 빠지고 삶의 의미를 잃어버리는 경우도 그런 예이다.

그러므로 바쁜 일상에서 잠시 틈을 내어 내 삶의 무게 중심은 어디에 있는지 살펴볼 일이다. 만약 위에 있다면 무게 중심을 아래에 두도록 노력해야 한다. 지금까지 자기 것이라고 생각했던 것들을 불러와서 점검해보아야 한다. 만약 내 것이 아니라면 더 이상 집착하지 말고 버려야 한다. 그리고 내 속에 있는 힘을 찾아야 한다. 우리는 모두 내부에 자신만의 힘을 가지고 있다. 다만 외부에서 얻으려고 두리번거리면서 내부에 있는 그 힘을 찾지 않았을 뿐이다. 더욱 내부에 그런 힘이 있다고 믿지 않았을 뿐이다. 무게 중심이 아래에 있는 오뚝이는 오늘도 또 넘어뜨려보라고 웃으면서 다시 일어난다.

닥쳐올 어려움을
미리 예상해보기

요즘에는 이혼이 늘어나고 늦게 결혼하는 사람도 많아지는 추세인 만큼 주위에 재혼하는 사람들이 자주 눈에 띈다. 재혼을 앞두고 상담을 청하는 사람도 부쩍 늘었다. 둘 다 재혼인 경우도 있지만 한 사람은 초혼이고 상대는 재혼인 경우도 있다. 결혼 적령기를 지나 늦게 하는 결혼이든, 한번 결혼에 실패하고 다시 하는 결혼이든 두 사람 다 초혼 때보다 더 많은 생각이 오고갈 것이다. 그리고 실패에 대한 두려움은 더 클 것이다.

대학원까지 나오고 전문직에서 나름대로 성공적인 경력을 쌓고 있는 40대 초반의 제자와 점심식사를 같이 한 적이 있다. 오랜만에 만난 제자와 즐겁게 식사를 하고 이런저런 이야기를 나누다가, 그 제자가 무언가 중요한 이야기를 할 듯 말 듯 망설이고 있는 것을 느꼈다.

"너 나한테 할 이야기가 있구나?" 하고 물었더니 기다렸다는 듯이 "예" 하고 대답은 했지만 곧바로 말을 잇지 못하고 아래만 쳐다보고 있는 것이었다. 그래서 다시 물었다. "너 결혼하는구나?" 그러자 역시 "예" 하고 대답하고는 다시 머뭇거리는 것이다. 나는 "상대가 재혼하는 남자구나?" 하고 물었더니 또 "예" 하고 대답하고 말문을 닫았다. "그 남자에게 자녀가 있구나? 자녀들이 몇이냐?" 하고 물으니 제자는 그제야 주저하며 작은 소리로 말했다. "중3 되는 아들과 중1이 되는 딸이 있어요." 하고 대답하는 것이었다. 그러더니 조용히 "선생님이 반대하시면 안 할까 봐요" 하고 말했다.

아무리 아끼는 제자라도 결혼 여부를 결정해줄 수 있는 것은 아니다. 그 결정은 당사자만이 할 수 있는 것이다. 다만 제자가 더 현명한 결정을 하고 행복한 결혼생활을 할 수 있도록 도와주어야 할 것이었다. 그래서 물었다.

"그 남자와 결혼하면 제일 어려운 일이 무엇일 것 같니?"
"아마 중3 아들과 중1 딸과의 관계가 제일 어려울 것 같아요!"
"그렇구나. 그렇다면 그 어려움에 어떻게 대처하려고 하니?"

내 질문에 제자는 이미 많이 생각해본 듯 자신의 해결책을 이야기했다. 그리고 그 어려움을 예상하고 견딜 수 있을 것 같다는 이야기도 덧붙였다. 제자의 이야기를 다 들은 후 나는 "네가 결혼하면 닥칠 어려움을 미리 예상하고 이미 마음속으로 해결방법까지 생각했다면 나도 반대할 마음은 없다. 하고 싶으면 하거라" 하고 내 생각을 말해주었다. 그 말을 듣고 그제야 얼굴이 밝아진 제자는 눈물을 글썽이며 "선생님, 제 결정을 이해해주시고 용기를 주셔서 고마워요"라면서 환하게 웃었다. 지금까지 자신이 애가 둘이나 딸린 사람과 결혼한다고 하자 모든 사람이 미쳤냐며 힐난하고 반대했다는 것이었다.

대학교에서 오래 교편을 잡아왔기에 가끔 제자들이 주례를 부탁하는 경우가 있다. 처음에는 더 좋은 주례자가 있는지 찾아보라는 말로 간곡히 거절한다. 하지만 피치 못하게 주례를 서야 할 때도 있다. 주례를 서기 전에 미리 예비부부를 만나게 되면 내가 꼭 묻는 말이 있다. "이 사람과 결혼하면 가장 힘든 것이 무엇일 것 같으냐" 하는 질문이다.

처음 이 질문을 받으면 대개 예비 신랑 신부는 당황하기 마련이다. 함께 있기만 해도 행복해서 결혼하려고 하는데, 무슨 뚱딴지 같은 질문이란 말인가? 하지만 아무리 사랑하는 사람과 결혼하더라도 결혼생활은 현실이기에 당연히 갈등이 있고 싸움이 있게 마련이다. 그렇다면 행복한 결혼생활을 유지하기 위해서는 갈등을 어떻게 해결하는지가 매우 중요하다.

갈등이나 어려움을 해결하는 가장 성숙한 방법은 그 어려움을 미리 경험하는 것이다. 이런 해결 방법을 '예상'이라고 부른다. 예상은 말 그대로 앞으로 닥칠 심리적 불편함을 미리 정서적으로 경험해 실제 그 사건이 닥쳤을 때 그 부정적 영향을 약화시키는 것이다. 예상은 예방주사와 마찬가지다. 우리 마음에 다양한 항체를 키워놓는다면 막상 어려움이 닥쳤을 때 이겨나갈 수 있다.

"이 사람과 결혼하면 가장 힘든 것이 무엇일 것 같으냐"는 질문을 하는 의도는 결혼 후 맞닥뜨릴 어려움을 예상해보라는 것이다. 이때 예상되는 어려움을 또박또박 대답하는 쌍도 있고, 전혀 없을 것 같다고 장담하는 쌍도 있다. 어느 쌍이 결혼 후 더 행복하게 살까. 당연히 전자의 경우가 결혼생활을 더 잘 해나간다. 왜냐하면 어려움을 예상하는 과정에서 항체가 생기기 때문이다.

초혼의 경우에도 물론 행복한 결혼생활을 유지하기 위해 많은 노력이 필요하다. 하지만 재혼일 경우에는 더 많은 노력이 필요하다. 첫 번째 어려움은 서로가 전처前妻나 전부前夫와 비교하거나 비교당하는 것이다. 상처喪妻나 상부喪夫를 했거나 이혼을 해서 재혼을 하는 경우 자신도 모르게 과거의 배우자와 현재의 배우자를 부지불식간에 비교하게 된다. 이것은 물론 자연스러운 측면도 있지만, 비교를 당하는 쪽에서는 몹시 불쾌하고 괴로울 수밖에 없다. 더군다나 그런 마음을 겉으로 표현한다면 심각한 불화를 가져올 수 있다.

중요한 것은 과거 배우자의 장점은 물론 부정적인 측면을 이야기하는 것도 피해야 한다는 것이다. 물론 현재의 배우자가 좋다는 것을 표현하기 위해 그런 언급을 하는 경우도 있겠지만, 좋은 평가든 나쁜 평가든 과거의 배우자와 비교당한다는 사실 자체가 불쾌한 일이다. 한편으로는 그런 마음이 있을 수 있다는 사실도 충분히 인정해야 한다. 마음속에 있는 과거를 완전히 지울 수는 없다. 다만 그 과거가 현재를 불행하게 하지 않도록 서로 노력해야 하는 것이다.

자녀가 있는 상대와 결혼하는 경우에는 또 다른 어려움이 있다. 대개의 경우 자녀들은 부모가 재혼해서 생기는 새어머니나 새아버지와 사이가 좋지 않다. 이전의 결혼에서 출생한 자녀가 어린 경우에는 다를 수 있지만, 자녀가 어느 정도 성장한 뒤에 재혼을 하게 되면, 이런 갈등에 처할 가능성이 더 크다. 나에게 상담을 하러 왔던 40대 초반의 한 여성이 실제로 이런 경우였다. 그녀는 교육계에 종사하면서 최근까지 결혼하지 않고 혼자 살아왔는데, 2년 전에 10대에 접어드는 딸과 아들을 키우고 있는 남자와 결혼하게 되었다고 한다. 당시 이 여성의 결혼 상대가 남매가 딸려 있는 남자라는 것을 알게 된 지인들은 거의 모두 반대했다고 한다. 지금까지 혼자 잘 살면서 교육계에서 남부럽지 않게 존경받으며 잘 살아왔는데 왜 아이가 둘이나 딸린 남자와 결혼해서 생고생을 하려고 하느냐는 것이었다. 그녀는 그런 온갖 반대를 물리치고 결혼했다.

그런데 결혼한 지 얼마 지나지 않아 친자식처럼 사랑하며 돌보겠다는 자신의 생각이 이상理想에 지나지 않는 순진한 것이었는지 드러나기 시작했다. 전처의 자식들이 사사건건 반항을 하기 시작한 것이다. 특히 10대인 딸의 행동은 도저히 이해할 수도 없고 용납할 수도 없는 지경이 되었다. 다른 사람이 있는 곳에서는 새엄마에게 일부러 망신주려는 행동을 서슴지 않았다. 그러지 말라고 수없이 타이르기도 했고, "나는 친엄마처럼 너희들에게 좋은 엄마가 되고 싶다"고 울면서 호소도 했지만 아무 소용이 없었다. 옆에서 보다 못한 아버지가 딸을 나무라기 시작하자 자녀들과 아버지와의 관계도 걷잡을 수 없이 악화되어갔다. 아이들은 아버지에게 대놓고 '배신자'라고 소리지르며 악다구니를 퍼붓곤 했다.

그녀는 딸과 아들의 방에 친엄마의 사진을 걸어두도록 권유하였고, 어머니와의 추억을 되살릴 수 있도록 배려도 했지만 모든 노력에도 불구하고 자신이 잘 해줄수록 자녀들의 반항은 더욱 심해지기만 했다. 아무리 노력해도 소용이 없자, 그녀도 사람인지라 결혼을 후회하기 시작했고, 나중에는 자포자기하는 심정이 되었다고 한다. 그리고 결국은 심한 우울증에 걸리게 되었다. 결국 자살을 결심한 그녀는 여러 약국을 전전하며 모은 약을 입에 털어 넣으려 했다. 그런데 그 순간, "너는 지금까지 자살하면 안 된다고 수없이 많은 사람들에게 가르쳐왔지 않았느냐? 그런데 지금 네가 자살하려는 것이냐?" 하는 질책의 소리가 마음속에서 들려왔다. 그녀는 결국 손에 있던 약을 떨어뜨리고 통곡할 수밖에 없었다.

결국 상담을 받으러 온 그녀와 이야기를 나누던 나는 이 부인이 전처의 자녀들과 사이좋게 지내려고 얼마나 노력했는지 절절히 느낄 수 있었다. 그렇기에 더더욱 현재의 상황에 얼마나 깊이 절망하고 있는지도 알 수 있었다. 사실 자녀들이 부모에게 반항하는 것은 친부모와의 사이에서도 일반적인 현상이다. 이는 성장하는 과정에서 당연히 나타나게 되는 과정이기도 하다. 하지만 재혼인 경우에는 조금 더 깊이 살펴볼 필요가 있다.

부모의 재혼은 자녀에게 친부모와 현실의 새 부모와의 관계를 재조정해야 하는 과제를 안겨준다. 자녀의 입장에서는 비록 새아버지나 새어머니가 마음에 들더라도 쉽게 좋은 관계를 맺을 수 없다. 왜냐하면 새아버지나 새어머니를 좋아하는 것은 자신을 낳아준 생모나 생부를 배반하는 것이라고 느낄 수 있기 때문이다.

이성적으로는 자신을 낳아준 친어머니가 이미 돌아가셨다는 것을 알고 있다. 그리고 아버지도 이제는 새로운 반려자를 맞아야 한다는 것을 안다. 하지만 자신의 마음속에는 아직 친어머니가 살아 있다. 그런데도 새로 온 어머니를 사랑한다면 어떻게 되는가? 결국 자신이 친어머니를 '버리고' 배반하는 것이 된다. 그래서 비록 돌아가시긴 했지만 친어머니와의 관계를 유지하기 위해서 끊임없이 현실의 새어머니에게 대들면서 "당신은 나의 어머니가 아니다"라고 강변한다. 당연히 새어머니와의 사이를 좋지 않게 유지하려 하게 된다. 왜냐하면 이 세상에 어머니는 한 분일 수밖에 없다고 생각하기 때문이다. 아무리 새어머니가 잘 대해준다고 해도 어머니로 인정하면 안 된다고 생각한다. 그래야만 자신이 친어머니와의 관계를 잊지 않고 계속 유지하는 '착하고 믿음직한' 자녀가 되기 때문이다. 새어머니가 좋은 분이고 자신에게 잘 대해준다면 의존하고 좋은 관계를 맺고 싶은 마음이 강하게 일어난다. 그러므로 마음속의 어머니와 멀어지려는 마음을 다잡기 위해 현실의 새어머니와는 사이가 나빠야 하고, 더욱 강하게 저항하고 못된 행동을 하게 된다.

부모가 이혼한 경우에는 그런 느낌이 더욱 강하게 든다. 부모가 서로 사이가 나빠 이혼한 것이지, 자녀 스스로 생부나 생모가 싫어서 헤어진 것이 아니기 때문에, 사별한 경우보다 더욱 새아버지나 새어머니와 친한 관계를 맺기 어려워진다. 살아 있는 생부나 생모를 배반할 수 없다고 생각하기 때문이다. 그리고 마치 새로 부모가 된 사람에게 강하게 반발하고 미워하는 것이 생부나 생모를 사랑하고 의리를 지키는 것이라고 느끼기도 한다. 이럴 때는 좋은 관계를 가지려고 너무 서두르면 오히려 역효과가 날 수 있다. 생부나 생모와의 관계를 끊으려고 한다는 위협을 느끼게 되어 더욱 움츠러들 수 있기 때문이다.

이 문제를 해결하기 위해서는 먼저 자녀에게 그들의 생부나 생모의 자리를 빼앗으려는 것이 아니라는 것을 납득시켜야 한다. 자신은 단지 아버지나 어머니의 배우자 자리에 있을 뿐이라는 것을 알려주고, 그런 마음을 실제로 보여주어야 한다. 예를 들어 부부가 사별한 경우에는, 생부나 생모의 기일忌日을 자녀들이 떳떳하게 기릴 수 있도록 배려해주는 것이다. 또 생부나 생모의 사진이나 유품도 당당하게 가지고 있을 수 있도록 해주어야 한다. 사별한 생부나 생모와의 친밀한 관계와 기억을 계속 유지할 수 있게 배려해줄수록 쉽게, 그리고 빨리 좋은 관계를 맺을 수 있다.

상담을 통해 자녀들의 이런 심리적인 갈등을 잘 이해한 부인은 다른 방법을 택하기로 했다. 전처의 기일에 방 한가운데 전처의 사진을 놓고 가족을 모두 방으로 불렀다. 그리고 사진 속의 전처에게 이야기했다.

"영희 엄마, 하늘나라에서 잘 지내고 있지요? 나는 당신의 자리를 차지할 마음이 전혀 없어요. 다만 소중한 영희와 철수를 아버지가 혼자 키우느라 수고하는 것이 애처로워 제가 함께 키우려고 결혼했어요. 영희 엄마만큼은 못하겠지만 애들을 잘 키워드릴게요. 영희 엄마도 하늘나라에서 나를 도와주세요."

이렇게 말을 이어가는데 어느덧 딸과 아들의 눈에서 눈물이 흘러내리기 시작했다. 부인과 자녀들 사이의 갈등으로 함께 마음고생을 하던 남편도 어느새 눈시울이 붉어지기 시작했다. 그리고 이후 이 가족은 새로운 관계에 잘 적응해가게 되었다.

한편 부부의 이혼으로 재혼이 이루어진 경우에는 당연히 생부와 생모와의 관계를 인정해주고, 부모에게 애틋한 마음을 가지고 있다는 것도 인정해야 한다. 그리고 자녀가 원하면 얼마든지 개인적인 만남을 가질 수 있도록 해야 한다. 그리고 그 만남을 공개적으로 표현할 수 있도록 여건을 마련해주어야 한다. 내가 알고 있는 한 현명한 여성은 재혼으로 얻게 된 자녀들에게 주기적으로 생모를 만나도록 권유하고, 즐거운 시간을 가질 수 있도록 용돈까지 미리 챙겨주는 배려를 한다. 그녀도 자녀들과 친부모처럼 친밀한 관계를 유지하고 있는 것은 물론이다.

이혼과 재혼이 예전보다 훨씬 보편화되는 현실에서는 새로운 관계 정립을 위한 마음가짐이 필요하다. 오히려 '친부모처럼' 하려고 노력하기보다 친부모의 자리는 그대로 남겨두고 새로운 자리를 만들고 그 자리에 맞게 행동하는 것이 현대에 맞는 방식이 될 수 있다. 어느 누구도 한 사람의 귀중한 자리를 차지할 수는 없다. 우리 모두는 우리에게 맞는 자리가 있을 뿐이다. 다만 현실적으로 충분히 일어날 가능성이 있는 문제에 대해서는 미리 예상하고, 대비책을 준비하고 열심히 노력한다면 행복한 재혼생활은 얼마든지 가능하다.

제대로 된 사과가
필요하다

사람들은 상대방의 닫힌 마음의 문을 여는 사과를 할 줄 몰라 오히려 일을 더 키우는 경우가 많다. 특히 중년의 사람들은 부부간에 또는 자녀와의 사이에 있었던 사소한 일로 마음의 문을 닫고 사는 경우가 많다. 자신이 잘못한 것은 알지만 사과하는 방법을 몰라서, 또는 사과가 받아들여지지 않을까 봐 두려워서 시간을 끌다가 실기失機하는 경우가 종종 있기 때문이다. 또 사과를 했다고 해도 상대가 받아주지 않아 오히려 하지 않은 것만 못하게 되었다고 후회하는 경우도 있다. 그러면서 사과를 받아주지 않는 상대를 야속하게 생각하기까지 한다.

최근에 한 중년 남성이 답답함을 호소해왔다. 자기의 사과를 아내와 가족들이 받아주지 않는다는 것이다. 자신은 자존심을 다 내려놓고 어렵게 "미안해. 됐지?" 하고 사과를 했더니, 아내가 받아주기는커녕 오히려 "뭐가 미안한데?" 하고 되묻는 바람에 오히려 사이가 더 서먹서먹해졌다는 것이었다. 그러나 아내가 되물은 이유는 간단하다. 남편의 사과가 진심에서 우러나온 것으로 느껴지지 않았기 때문이다.

어떻게 하면 상대방이 받아들일 수 있는 사과를 할 수 있을까? 사과를 잘 하기 위해서는 무엇보다 먼저 사과와 비슷하지만 크게 다른 변명辨明과의 차이를 알아야 한다. '사과謝過'의 의미는 '자기의 잘못을 인정하고 용서를 비는 것'이다. 그러나 변명은 '어떤 잘못이나 실수에 대해 구실을 대며 그 까닭을 말하는 것'이다.

사과나 변명은 모두 '나'의 잘못에 대해 '너'에게 말하는 형식을 따른다. 또 '생각'이나 '감정'을 표현하는 것이다. 즉 사과를 할 때는 '나'보다는 '너'가 중심이 되어야 한다. 따라서 "나 때문에 네가 얼마나 힘들었는지"를 먼저 밝히는 것이 중요하다. 이와 대조적으로 변명을 할 때는 상대방보다 '나'가 우선된다. 그래서 "내가 왜 그렇게 했는지"를 밝히는 '나'의 해명이 중심이 된다.

또 사과는 '생각'을 전하는 것이 아니라, 괴롭힘을 당한 '너'의 감정에 대한 '나'의 감정을 전달하고 용서를 비는 것이다. 이와 대조적으로 변명은 '너'의 힘듦에 대해 '나'의 생각을 밝히는 것이다.

간혹 우리가 접하게 되는 사과문을 살펴보면 거의 모든 문장이 '나'로 시작되고 끝난다는 것을 알 수 있다. 즉, 괴로운 '너'에 대한 배려가 전혀 없다. 단지 자신의 입장과 생각, 어려움을 토로하는 것으로 일관하는 경우가 많다. 즉 자신 때문에 괴로워했을 상대방의 마음을 전혀 헤아리지 않는 경우가 많다. 이런 사과문을 본 피해 당사자는 결국 괴로움을 느끼는 자신이 전혀 이해받지 못했다는 느낌이 든다. 따라서 사과를 받는다는 느낌보다는 변명을 듣고 있다는 생각에 오히려 분노가 치밀게 되는 경우도 종종 일어난다.

우리 사회에는 자신의 미안한 마음을 전하는 '사과'를 하는 방법이나 태도가 너무 미숙해서 오히려 '불난 데 부채질' 하는 사태를 야기하는 일이 너무 많다. 많은 사람들이 사과를 할 때 "만약에"라는 표현을 부지불식간에 사용한다. 간혹 사회적 물의를 일으켜 큰 지탄을 받게 된 유명인이 공개사과를 하는 경우가 있다. 이때 종종 볼 수 있는 문장이 "그럴 의도는 없었으나 만약 (피해를 주장하는 상대방이) 희롱을 당했다고 생각을 했다면, 사과하겠다"라는 것이다. 이런 식의 사과는 대개는 '진정성이 없는 사과'라는 지탄을 받으며 사태를 진정시키기보다는 오히려 더 큰 분노를 일으키는 결과를 낳게 된다. 사태가 더욱 커지게 된 이유는 뭘까? 간단히 말하면 사과의 진정성이 느껴지지 않았기 때문이다.

자신이 정말 잘못을 저질렀다는 것을 깨닫고 진정으로 뉘우친다면, 그 마음이 느껴지도록 사과를 해야 한다. 주목해야 할 것은 "만약"이라는 표현이다. 한 영화감독은 "상대방이 정말 불쾌하게 느꼈다면, 사과하겠다"라고 했고, 어느 연출가는 "성추행을 당했다는 생각을 했다면, 사과하겠다"라고 말했다. 이 두 사과에는 "만약,

……했다면"이라는 표현이 공통적으로 들어 있다.

이 표현은 참으로 많은 의미로 받아들여질 수 있다. 그중에서도 사과를 받아야만 하는 상대에게 제일 불쾌감을 주는 것은 '만약 그렇게 느끼지 않았다면, 사과할 필요도 없고, 당연히 사과하지 않겠다'는 의미로 받아들여질 수 있다는 것이다. 이 표현만 놓고 보면 사실 '나는 잘못을 저지르지 않았고, 또 그럴 의도도 없었지만, 네가 그렇게 느꼈다면 (할 수 없이) 사과하겠다'라는 의미가 녹아 있다. 그렇다면 자신은 잘못을 하지 않았고, 누명을 썼다는 것이 전제가 된다.

사과를 하면서 "만약에"라는 표현이 들어가면 안 되는 또 다른 이유는 상대방이 진정으로 고통을 느꼈다는 것을 인정하지 못하겠다는 의미가 포함되기 때문이다. 추행을 저질러 지탄을 받는 사람들이 자신을 변호하면서 하는 대표적인 방어는 '나의 행동을 공개적으로 들추어내는 너의 진심'을 왜곡하는 것이다. 그 폭로를 통해 모종의 이익을 얻으려는 불순한 의도가 있기 때문에 폭로한다는 식으로 보일 수 있다.

당연히 이것은 사과가 아니다. 사실은 지금 자신이 억울하다는 것을 에둘러 표현하고 있을 뿐이다. 그리고 이처럼 '억울하게 누명을 쓰고 있다'는 본심은 다양한 방식으로 드러난다. 위에서 예를 든 영화감독도 "상대방이 '정말' 불쾌하게 느꼈다면"이라고 말했다. 여기에서 '정말'이라는 표현을 쓴 이유는 무엇일까? '사실은 불쾌하게 느끼지 않았을 것이다'라는 마음과 '억울하다'는 전제가 없다면 '정말'이라는 표현을 쓰기 어려울 것이다. 자신이 정말 잘못했다고 뉘우치고 사과하는 것이라면 '만약 ······했다면'과 같은 표현을 할 수 없다. 왜냐하면 자신이 사과를 해야 한다는 사실 자체가 자신의 행위 때문에 상대방이 큰 상처를 받았다는 사실을 전제로 하고 있기 때문이다.

 '나의 뉘우침'이 진정으로 전달되는 사과의 방법은 의외로 간단하다. 먼저 자신(나)의 행동 때문에 상대방(너)이 고통을 당했을 것이라는 사실을 솔직히 인정하는 것부터 시작하는 것이다. 즉 자신의 행동을 진정으로 뉘우친다면 사과의 가장 기본적인 표현은 "나 때문에 네가 많이 힘들었구나, 네가 아픈 것에 대해 미안하다"가 되어야 한다. 그리고 이렇게 감정을 전하면 상대방도 비로소 자신의 괴로움에 대한 심리적인 보상을 받고, 용서할 마음이 생기게 된다.

 '힘들다' '미안하다'는 생각이 아니라 감정이다. 사과는 사실을 설명하는 것이 아니라 감정을 나누는 것이다. '왜' 그런 일이 일어났는지에 대해 이유를 밝히면 변명이 되어버릴 뿐이다. 중요한 것은 생각이 아니라 감정이다. 그러므로 자신의 잘못된 행동 때문에 상대가 느꼈을 아픔에 대한 공감으로 시작해야 한다. 물론 용서를 강요해서도 안 된다. "나도 이만큼 힘드니 이제는 그만하자"는 것은 사과가 아니라 상대에게 용서를 강요하는 것이다.

우리는 누구나 크고 작은 실수를 하면서 살아간다. 인간은 완전하지 않기 때문이다. 그렇기 때문에 사과를 잘 해야 할 운명을 가지고 태어났다고도 할 수 있다. 하지만 이렇게 중요한 사과를 하는 방법이나 태도에 대해 어디에서도 가르쳐주지 않는다. '말 한 마디에 천 냥 빚을 갚는다'라는 말도 있듯이 비록 잘못의 종류나 크기에 따라 다르겠지만, 가족과 같은 친밀한 관계에서 일어난 충돌에 있어서도 진실하고 제대로 된 사과는 오히려 관계를 더욱 굳게 해주는 역할을 할 수 있다. 또한 제대로 된 사과를 할 수 있는 관계가 진정한 관계일 것이다.

심정대화를 하고 싶다면

중년은 언제 어디서나 의사소통의 고수高手가 되어야 하는 경우가 많다. 말 그대로 중간에 위치하고 있기 때문이다. 집에서도 연로하신 부모님과 한참 자라고 있는 자녀 사이에 위치한다. 조직에서도 상관과 팀원 사이에서 다리 역할을 잘해야 조직이 원활하게 움직인다.

하지만 중년은 의사소통을 잘하기보다는 자기 주장을 강하게 하려고 한다. 위 세대는 이미 한물간 이야기만 하는 것처럼 들린다. 그리고 어린 사람들은 아직 세상 물정을 모르고 철없는 소리를 하는 것처럼 들린다. 그만큼 이제는 세상을 제대로 볼 수 있는 경험과 지식을 가지고 있다고 자부하는 시기이기 때문이다.

한방에는 '불통즉통不通即痛'이라는 말이 있다. 몸이 건강하기 위해서는 기와 혈이 잘 통해야 한다는 뜻이다. 만약 잘 통하지 않으면 병이 든다는 말이다. 병들면 당연히 아프다. 우리 말은 병에 걸린다는 것과 고통스럽다는 것을 '아프다'는 같은 말로 표현한다. 그래서 병들면 고통痛이 따른다는 말이다.

'통하지 않으면 아프다'라는 말은 비단 몸의 건강에만 국한되지는 않는다. 사람 사이의 관계도 서로 통하지 않으면 고통이 따른다. 사람 사이에 서로 잘 통하지 않으면 이번에는 마음이 아프다. 예를 들면 서로 마음이 잘 통해야 하는 가족들끼리 서로 통하지 않으면 마음이 아프고 괴롭다. 더구나 마음이 가장 잘 통해야 할 부부끼리 서로 잘 통하지 않으면, 너무나 답답하고 불행해진다.

하지만 안타깝게도 중년에 서로 통하지 않는 부부들이 늘어가는 추세이다. 최근의 한 통계를 봐도 이를 잘 알 수 있다. 라이프스타일 매거진 〈헤이데이〉와 서울대학교 행복연구센터가 공동으로 '대한민국 중장년의 일상에서의 행복'에 관한 설문조사를 진행한 결과에 따르면, 40~50대 중년의 삶의 만족도가 다른 연령층에 비해 제일 낮다. 행복연구센터는 50대 남성이 여타 연령대와 비교해서 일상에서 경험하는 기분과 행복감이 낮다는 점에 주목해야 한다"며 "한국의 중장년 중 가장 불행한 일상을 보내고 있는 사람들은 50대 남성이라고 잠정적으로 결론지을 수 있다"라고 분석했다.

이 연구에서 흥미로운 점은 30대는 남성이 여성보다 일상에서 좀 더 좋은 기분을, 더 큰 행복감을 느낀다는 것이다. 그러나 40대부터 역전되어 50대에는 남녀 간 상당한 차이를 보였다. 이 보고서는 여성의 경우 40대에 극에 달했던 육아 부담이 50대에 사라지면서 삶의 만족도가 높아진다고 해석했다. 그리고 특히 50대 남성의 삶의 만족도가 모든 집단을 통틀어 가장 낮은 이유에 대해서는 남성은 50대에 부모 봉양과 자식 부양이 더해져 가장으로서 갖는 부담이 상당하기 때문인 것으로 해석했다.

물론 이 해석에서처럼 50대가 가장으로서의 부담이 큰 것은 사실이지만, 더 중요한 것은 이 부담을 대화를 통해 자연스럽게 풀 수 있는 대화의 기술이 떨어진다는 점이다. 남성 못지않게 여성들도 많은 부담을 지니고 있다. 하지만 여성이 남성보다 삶의 만족도가 높은 이유는 마음속의 부담을 훨씬 자연스럽게 표현하면서 '속풀이'를 한다는 것이다. 여성들은 모든 연령층에서 남성보다 의사소통 기술이 높지만, 특히 중년에 이르면 주위에 자신이 속마음을 터놓고 이야기할 수 있는 대상이 많다. 반면에 남성의 경우에는 자신의 속마음을 털어놓을 수 있는 대상이 줄어든다. 의사소통의 기술과 대상이 줄어들기 때문에 삶의 만족도가 떨어지는 것은 당연한 결과이다.

의사소통이 잘 되기 위해서는 마음이 통해야 한다. 마음이 잘 통하기 위해서는 무엇보다 먼저 '말'이 통해야 한다. 즉, 대화가 잘 통해야 한다. 대화는 일반적으로 필요한 정보와 지식을 주고받기 위해 하는 사리대화事理對話 와 감정을 주고받기 위한 대화인 심정대화心情對話 로 나눌 수 있다. 사리대화에서는 주고받는 지식이나 정보가 맞는 것인지 틀린 것인지가 중요하며, 이를 위해서는 정확히 묻고 답하는 '말하기'가 기본이다. 그러나 자신의 감정을 잘 표현하고, 또한 상대방의 감정을 잘 이해하는 것이 중심이 되는 심정대화는 '듣기'가 기본이 된다.

일반적으로 모든 대화에는 사리대화의 요소와 심정대화의 요소가 동시에 포함되어 있다. "약속 장소까지 얼마나 걸리느냐?"는 질문에 대해 "약 30분쯤 걸린다"라고 대답했다면 이는 정보를 알려주는 사리대화가 된다. 하지만 약속 장소까지 걸리는 시간을 묻는 대화에는 '약속시간에 늦을까 봐 걱정하는' 마음이 깔려 있다. 만약 이 마음에 반응하여 "늦을까 봐 걱정하는군요"라고 대답했다면 이는 상대방의 감정에 반응하는 것이기 때문에 심정대화가 된다.

사람은 감정의 동물이다. 여성들이 남성들보다 의사소통을 잘한다는 것은 바로 상대방의 감정에 섬세하게 반응한다는 의미이다. 나의 감정을 잘 헤아려주는 사람에게 우리는 고마움을 느끼고 믿음을 가지게 된다. 상대방 역시 마찬가지다. 관계에서 이런 과정이 되풀이되면, 더욱 상대방을 신뢰하게 되고 더 깊은 '속마음'을 털어놓게 된다. 반면 상대방이 나의 감정을 알아주지 못하거나 무시하면 마음이 상하게 되고, 더 이상 대화를 하려는 마음이 없어지게 된다. 이런 상황이 지속되거나 되풀이되면 결국 인간관계는 삭막해지고 친밀한 관계 맺기가 어려워진다. 그러므로 상대방의 말의 표면에 나타나 있는 내용보다 그 밑에 깔려 있는 감정에 반응해야 한다. 차마 겉으로는 표현하지 못한 속마음까지 상대방이 이해하고 반응해준다면 그 고마움은 말로 표현하기 어렵고 상대방이 너무 믿음직하게 느껴질 것이다.

"머리가 잘 통해서 좋다"는 말은 없어도 "마음이 잘 통해서 좋다"는 말은 있다. 친밀한 인간관계는 '마음'이 통하는 사이이지 '머리'가 통하는 사이가 아니다. 물론 필요한 지식과 정보를 주고받다 보면 친밀한 관계가 될 수도 있다. 이는 그 과정에서 서로 상대방의 배려와 관심을 느껴서 친해지는 것이지 단지 주고받는 지식이나 정보의 양에 의해 친한 관계가 되는 것은 아니다. "다투다가 정들었다"라는 표현에서도 알 수 있듯이 서로 다투는 것도 관심이 있다는 뜻이고 또한 감정을 표현했다는 뜻이다. 그렇기 때문에 다투다 정이 든다. 서로 예의를 깍듯이 지키면서 꼭 필요한 사리에 맞는 대화만 하면 정이 들지 않는 것과 같은 이치다.

위로해주기
가장 좋은 시점

중년은 시기상 다른 사람들에게 이런저런 조언을 많이 해주게 되는 시기이다. 그런데 상대방이 원하고 요청해서 해주는 경우도 있지만, 상대방이 처한 처지가 너무 안쓰럽고 빨리 문제를 해결해주려는 마음에 '오지랖이 넓다'는 핀잔을 받아가면서도 나서서 조언을 해주는 경우도 많다.

어려움에 처한 사람을 도와주려는 것은 인지상정이다. 맹자도 "측은지심인지단야惻隱之心仁之端也" 즉 "남을 불쌍하게 여기는 마음은 인의 실마리이다"라고 설명했다. 더군다나 어려움을 겪는 대상이 가족이거나 친지인 경우에는 당연히 조언과 충고를 해주고 싶어진다. 하지만 의도가 좋다고 해서 꼭 그에 걸맞은 좋은 결과가 나오는 것은 아니다. 아무리 좋은 의도로 조언을 해주었다 해도 상대방에게는 불필요한 간섭이나 쓸데없는 잔소리로 여겨질 수 있다. 또 아무 효과도 없이 괜히 헛다리를 짚는 결과로 나타날 수도 있다.

조언을 하는 요령을 알면 훨씬 효과적으로 도움을 줄 수 있다. 가장 중요한 것은 '시점'이다. 모든 문제의 해결이 그렇듯이 조언에도 타이밍이 중요하다. 같은 내용의 조언이라도 언제 해주느냐에 따라 그 효과는 크게 차이가 난다. 제일 좋은 시점은 상대방이 원하는 시기에 해주는 것이다. 아무리 좋은 내용이라도 상대방이 아직 그 조언을 필요하다고 느끼지 않거나 또는 원하지 않을 때 하는 조언은 효과가 별로 없다. 뿐만 아니라 자칫하면 역효과가 날 수도 있다. 상대방이 원하지 않는 조언은 상대방을 무시하는 것으로 비쳐질 수 있기 때문이다. 스스로 해결할 수 있다고 생각하고 궁리 중인데 일찍 조언을 해주면, 상대방은 자신이 혼자 문제를 풀 수 없으며 무시당했다고 느낄 수 있기 때문이다. 반대로 너무 늦게 조언을 해주면, 상대방은 일부러 골탕을 먹이려고 자신이 힘든 것을 알면서도 적시에 도움을 주지 않았다고 느끼거나, 자신에게 무관심하다고 느낄 수도 있다.

적합한 시기를 알아내는 제일 좋은 방법은 도움을 청할 때까지 기다리는 것이다. 물론 꼭 말로 도움을 청할 때를 기다리라는 것은 아니다. 상대방에게 애정을 가지고 관심을 기울이면 다양한 방법으로 도움이 필요하다고 요청하는 것을 알아차릴 수 있다.

다음으로 중요한 것은 상대방이 처해 있는 문제의 종류를 알아내는 것이다. 어려움에 처하게 되는 경우는 크게 두 가지이다. 하나는 지식이나 정보가 부족해서 힘든 것이다. 이럴 경우에는 조언을 해주는 것이 비교적 쉽다. 내가 알고 있는 지식이나 정보를 분명하고 정확하게 알려주면 된다. 만약 잘 모르는 문제에 대해 도움을 청하면 솔직하게 그 문제에 대해서는 잘 모른다고 알려주거나, 필요한 도움을 얻을 수 있는 방법을 알려주면 된다.

다른 하나는 감정적으로 혼란스러워 힘든 것이다. 이 문제는 쉽게 도움을 주기 어려운 경우가 대부분이다. 문제를 가진 당사자 자신이 혼란스러워하는 감정을 제삼자가 정확히 알아서 엉킨 실타래를 풀어주는 것은 생각보다 훨씬 어렵다. 이럴 경우에는 무엇보다 먼저 상대방이 말을 많이 하도록 분위기를 만들어야 한다. 그리고 그 과정에서 상대방이 스스로 문제의 실타래를 풀어가도록 도와주어야 한다.

한 드라마에 다음과 같은 장면이 나왔다. 회사의 선배인 듯한 사람과 뭔가 매우 힘든 표정을 짓고 있는 젊은이가 포장마차에서 소주를 마시고 있다. 선배가 "무슨 고민이 있는지 나한테 이야기해 봐라"라고 재촉하자, 젊은이가 결심을 한 듯 소주잔을 비우고는 다음과 같이 말했다. "사실은 일 년 동안 만나던 여성이 있었어요. 저는 그 여성을 너무 좋아했고 그 사람도 나를 좋아하고 있는 것 같아 망설이다가 용기를 내서 사랑한다고 고백했어요. 그랬더니 그가 '나는 당신을 사랑하지 않는다'라고 거절하면서 다시는 연락하지 말라고 하고는 매몰차게 가버렸어요. 그 이후로는 전화를 해도 받지 않고 문자를 해도 답을 안 해요. 저는 지금 너무나 힘들고 죽고 싶은 마음이에요"라고 말을 마치고 자기 잔에 술을 부어 절망적인 표정으로 한입에 마셔버렸다. 그러자 그 선배가 후배의 어깨를 가볍게 치면서 "난 또 무슨 큰일이라도 있는 줄 알았네. 야, 인마, 내 경험에 의하면 사랑하고 버스는 같아. 놓치면 아쉽지만 조금 기다리면 다음 차가 또 와. 너도 조금 있으면 그 사람보다 더 좋은 사람이 나타날 거야. 그러니 걱정 말고 오늘은 술 한잔 하고 잊어" 하면서 호탕하게 웃었다. 그 후배는 한마디도 않고 술잔만 바라보다가 간단한 인사를 하고 그 자리를 떠났다.

그 젊은이는 선배의 조언을 듣고 위로를 받고 기분이 좋아졌을까? 전혀 그렇지 않았을 것이다. 오히려 그 선배가 자신의 마음을 몰라준다고 섭섭해하면서 공연히 이야기했다고 후회했을 것이다. 그리고 다시는 그 선배하고는 속마음을 터놓고 이야기하지 않겠다고 다짐했을 것이다.

왜 그랬을까? 선배가 해준 조언이 틀렸기 때문이었을까? 내용의 옳고 그름의 여부를 떠나 선배의 조언이 역효과가 난 이유는 후배에게 필요한 것이 지식이나 정보가 아니었기 때문이다. 후배는 지금 사랑하는 사람이 떠난 것에 대해 감정적으로 힘들어하고 있다. 그래서 '죽고 싶은' 마음이 드는 것이다. 어느 누구도 지식이 부족해서 죽고 싶은 사람은 없다. 그 후배도 언젠가 다른 좋은 사람이 나타날 수도 있다는 것은 이미 알고 있다. 하지만 지금 사랑하는 사람에게 거절당한 것이 속상한 것이다. 미래에 대한 정보가 현재의 감정을 해소해주지는 못한다.

감정적으로 힘들어하는 사람에게 도움을 줄 수 있는 최선의 방법은 먼저 자신의 마음을 실컷 표현하고 슬퍼할 수 있도록 분위기를 만들어주는 것이다. 부정적 감정은 입 밖으로 표현하면 할수록 가벼워지기 때문에, 감정적으로 힘들어하는 사람을 도와주려면 그 힘든 마음을 충분히 표현할 수 있도록 해야 한다. 즉 상대방이 자신의 마음을 표현할 수 있도록 '들어주어야' 한다. 그리고 그 마음을 함께 느끼는, 즉 공감하는 것이다.

"사랑하는 사람에게 거부당했으니 얼마나 괴롭니? 오죽 힘들었으면 항상 활기차게 지내던 네가 죽고 싶은 마음이 다 들겠니?" 만약 선배가 이렇게 이야기하면서 상대방인 후배의 마음을 먼저 헤아려주었다면 그 후배는 눈물을 흘리면서 자신이 지금 얼마나 힘든지에 대해 더 깊이 이야기했을 것이다. 사람은 누구나 자신의 마음을 공감해주는 사람이 있으면 그 부정적 감정에 대해 더 이야기하고 싶어진다. 그리고 그 감정을 풀고 싶어진다. 만일 이 후배가 선배 앞에서 자기를 떠난 사람에 대해 자신의 원망스럽고 비참한 마음을 한바탕 토로하고 나면, 마음이 개운해지면서 '다음에 더 좋은 사람을 만나게 될 것이다'라고 자신의 입으로 말하게 된다.

많은 사람들이 어려움에 처해 있는 사람에서 "무슨 말을 해주어야 할지 모르겠다"라고 안타까워한다. 하지만 중요한 것은 말을 '해주어야' 하는 것이 아니라, '들어주어야' 하는 것이다. 정말 필요한 것은 위로의 말이나 격려의 충고보다 진심을 다해 상대방의 말을 들어주는 것이다. 나의 힘든 마음을 알아주는 사람이 있다는 사실만큼 위로가 되는 것은 없다.

봉사의 기쁨

원숭이도 퍼즐 맞추는 게임을 좋아한다. 원숭이에게 퍼즐을 주면 열심히 맞춘다. 그리고 다 맞추면 다른 것을 달라고 조른다. 이런 과정을 되풀이한 후 이번에는 퍼즐을 주면서 동시에 바나나를 함께 준다. 그러면 원숭이는 신나서 더 열심히 퍼즐을 풀고, 빨리 다른 퍼즐을 달라고 더 심하게 조른다. 뜻밖에 바나나까지 덤으로 얻었으니 말이다. 이렇게 퍼즐을 풀 때마다 바나나를 주는 과정을 몇 번 되풀이하고, 이번에는 처음처럼 퍼즐만 주고 바나나는 주지 않는다. 그러면 원숭이는 어떤 반응을 보일까?

원숭이는 더 이상 퍼즐을 맞추지 않는다. 분명 퍼즐을 맞추는 것을 좋아했는데, 왜 이제는 퍼즐을 풀지 않을까? 최근에 만난 한 아버지가 아들의 행동을 이해하지 못하겠다며 투덜댔다. 그는 어느 날부터 중학생인 아들이 시키지도 않았는데 자신의 구두를 반짝반짝하게 닦아놓기 시작했다는 것이었다. 몇 번은 모른 척했는데, 아들이 계속 며칠 만에 한 번씩 구두를 닦아주기에 너무나 대견하고 뿌듯해서 몇 번인가 용돈을 주며 칭찬을 해줬다. 물론 아들은 신나서 더 열심히 구두를 닦았다. 그렇게 몇 번 되풀이되고 난 후 아버지는 용돈을 줄 필요를 느끼지 않아서 그냥 칭찬만 했다. 그랬더니 실망한 빛을 띠던 아들은 아버지의 구두를 더 이상 닦지 않더라고 말이다. 그러다 구두를 닦으라는 말을 듣고는 불만에 찬 표정으로 억지로 닦는 시늉을 할 뿐이었다. 그는 이런 아들의 행동을 이해할 수 없었다. 시키지도 않았는데, 처음부터 자기가 좋아서 한 일이 아닌가?

어떤 행동을 할 때는 다 이유가 있기 마련이다. 행동을 하게 되는 이유를 '동기'라고 부른다. 즉 모든 행동에는 그 이면에 동기가 있다. 행동의 동기는 다양하지만 크게 '내재적 동기'와 '외재적 동기'로 나눌 수 있다. 내재적 동기는 그 행동 자체에 재미나 보람, 또는 의미가 있어서 하는 행동이다. 어린아이들의 행동은 거의 내재적 동기에 의한 것이다. 어린이들이 놀이터에서 저녁식사도 잊고 노는 것은 재미있기 때문이다. 이런 행동은 누가 시키지 않아도 계속한다.

반면 외재적 동기에 의한 행동은 그 행동을 통해 외부에서 보상을 받거나 처벌을 피하기 위해 하는 것이다. 어른들의 행동은 대부분 외재적 동기에 의한 것이다. 직장에 나가 열심히 일하는 사람은 일 자체가 재미있어서일 수도 있지만 일차적인 목적은 월급을 받는 것이다. 외재적 동기에 의한 행동은 더 이상 기대했거나 예상했던 보상이나 처벌이 주어지지 않으면 행동을 하지 않는다.

원숭이는 처음에는 퍼즐을 푸는 것 자체가 재미있었다. 즉, 내재적 동기에 의해 퍼즐을 풀었다. 하지만 바나나가 함께 주어지면 퍼즐을 푸는 목적이 점차 바나나를 얻기 위한 것으로 변한다. 즉, 외재적 동기에 의한 행동으로 변한다. 그렇기 때문에 바나나 없이 퍼즐만 주면 더 이상 퍼즐을 풀고 싶지 않은 것으로 마음이 변한다. 외부의 보상인 바나나가 주어지지 않기 때문이다.

용돈을 안 주면 더 이상 구두를 안 닦는 아들도 마찬가지이다. 처음에는 아버지의 더러운 구두를 닦는 것이 스스로에게 의미가 있었다. 즉, 내재적 동기에 의한 행동을 했다. 하지만 그 결과로 용돈을 받게 됐다. 용돈은 비록 기대하지는 않았지만 결과적으로는 외부의 보상이므로 아들은 점차 구두를 닦는 행동의 이유를 용돈과 결부시키게 된다. 그 결과 구두 닦는 행동이 결국 용돈을 받는 수단이 되고, 외재적 동기에 의한 행동으로 그 의미가 바뀌었다. 그 후에 구두를 닦았는데도 기대했던 외부의 보상이 주어지지 않자, 더 이상 그 행동을 할 이유도 사라지게 된 것이다.

주위에서 하던 일에서 퇴임하고 새로운 일거리를 찾지 못해 무료하게 시간을 보내는 사람들을 찾아볼 수 있다. 젊었을 때는 자녀들을 키우느라 자신을 돌볼 틈도 없이 바쁘게 보냈던 전업주부들도, 자녀들이 성장한 후 여유 있는 시간에 가정을 벗어나 자신들이 할 수 있는 일을 하면서 보람 있게 살기를 원한다. 하지만 오랫동안 경력이 단절됐기 때문에 마땅히 적당한 일을 찾지 못해 안타깝게도 무료하게 시간을 보내는 경우가 많다.

이들은 "오라는 데만 있으면 일하고 싶다"며 마땅한 일자리가 없느냐고 나에게 물어오기도 한다. "일자리가 많다"고 대답하면, 대부분 "얼마를 주느냐?"고 묻는다. 그러나 보수를 주지 않는 '자원봉사'라고 말하면 금방 관심이 사라진다. 심하면 "나를 어떻게 생각하고 돈도 안 주는 일을 하라고 하느냐?"는 듯이 언짢은 표정까지 짓는다. 심지어 어떤 이들은 "돈도 안 주는데 내가 왜 일을 하느냐?"고 반문한다. 하지만 그런 이들이 오늘도 보람 있는 일거리를 찾지 못하고 낮부터 도시 근교의 카페를 순례하면서 "사는 재미가 없다"고 한탄하기도 한다.

자본주의 사회에서 처음에는 내재적 동기에 의해서 하던 행동이지만 그 의미가 외재적으로 변한 대표적인 것이 '일'이다. 우리는 당연히 일을 하면 그 대가를 받아야 한다고 생각한다. 하지만 원래 일이란 그 행위 자체가 즐거운 것이다. 어린이들이 부모가 하는 일을 옆에서 거들면서 얼마나 즐거워하는지를 보면 쉽게 알 수 있다. 하지만 우리는 예상했던 결과가 주어지지 않거나, 하지 않아도 처벌이 없다면 더 이상 일을 하지 않는다.

고령사회로 향하는 지금, '처음 직장이 평생직장'이라는 생각은 더 이상 우리 삶에 적용되기 힘들다. 앞으로는 누구나 두 번째, 심지어는 세 번째 경력을 가져야 하는 사회로 급격하게 변하고 있다. 그리고 중년은 바로 두 번째 경력을 시작해야 하는 시기이다. 가능하면 오랫동안 보수를 받으며 일하는 것이 당연하고 바람직하다. 하지만 일을 하는 목적이 단지 보수를 받는 것으로 그치면 결국 외재적 동기에 의한 행동을 하는 것으로 일생을 보낼 수밖에 없다.

인간은 내재적 동기에 의해 행동할 때 가장 즐거워한다. 동시에 가장 큰 보람을 느낀다. 그렇기 때문에 고아원이나 양로원, 심지어는 죽음을 앞둔 환자들을 돌보며 온갖 허드렛일을 하면서 수고하는 호스피스 자원봉사자들이 몸은 고달프지만 큰 의미와 보람을 느끼는 것이다. 이들은 오히려 "돈 받고 한다면 이 일을 못 한다"고 웃으며 말한다. 오히려 자신이 하는 행동을 외재적 동기에 의한 것으로 느끼는 순간 순수한 의미와 보람은 줄어든다.

전 세계에 대한민국의 힘을 보여준 2018년 평창 동계올림픽을 생각해보자. 우리나라는 금메달 5개, 은메달 8개, 동메달 4개 등 도합 17개의 메달을 획득하면서 역대 최대의 메달을 획득하는 쾌거를 이루었다. 하지만 동계올림픽에 참가했던 많은 선수들과 임원들, 그리고 관람객들은 이구동성으로 이번 동계올림픽의 최대 공로자는 선수나 임원이 아니라 바로 자원봉사자였다고 말하며 그들의 노고를 치하한다.

자원봉사자들 자신도 평생에 다시 맛볼 수 없는 보람 있는 경험을 했다고 즐거움을 표했다고 한다. 수많은 자원봉사자들이 생업을 뒤로 미루고 장애인올림픽까지 거의 50여 일을 봉사했다. 자원봉사자에 대한 처우가 열악하다는 언론의 지적도 없지 않았지만, 막상 봉사자 자신들은 온갖 역경을 이기고 성공적으로 올림픽을 치르는 데 일조를 했다는 사실에 크게 만족했다고 한다.

 삶의 의미를 찾지 못하고 무료하게 사는 사람이라면 자원봉사 활동을 해보길 권한다. 자원봉사는 문자 그대로 '스스로 원해서', 보수를 받지 않고 '봉사'한다는 것이다. '스스로 원해서' 하는 행동이야말로 삶의 보람을 느끼고 자신의 가치를 깨닫게 해주는 원천이다. 그런 의미에서 자원봉사 활동을 하는 것은 삶의 보람을 느끼고 즐거움을 느끼는 지름길이다. 우리 주위에는 자원봉사자들의 사랑의 손길을 기다리고 있는 곳이 많다.

사랑이 사람을
살게 한다

나의 한계를 극복할
유일한 방법

여러 복 중에 제일 중요한 것은 인복이라고 한다. 결국 우리가 얼마나 성공적인 삶을 사느냐의 여부는 얼마나 좋은 사람들을 만나느냐에 달려 있다는 뜻이리라. 제일 먼저 우리의 삶에 큰 영향을 주는 것은 부모와의 만남이다. 아동기에는 좋은 선생님과의 만남, 청소년기에는 좋은 친구와의 만남, 그리고 청년기에는 좋은 배우자와의 만남이 우리의 삶에 큰 영향을 미친다. 그렇다면 중년에는 누구와의 만남이 중요할까?

전 생애에 걸친 성격 발달을 연구한 에릭슨Erik Erikson은 중년을 잘 보내기 위해서는 생산성generativity을 발달시켜야 한다고 주장한다. 생산성은 자신의 한계를 넘어서 자신의 꿈과 젊음을 계속 연장시켜줄 수 있는 자녀를 잘 키우는 것을 의미한다. 시중에 떠도는 이야기 중에는 중년의 아주머니들이 모인 찜질방에서는 '자식이 공부 잘하는' 사람이 제일 목소리가 크다는 우스갯소리도 있다.

이사를 하거나 직장을 선택할 경우, 젊었을 때는 어떤 선택이 '자신에게 제일 도움이 되는가?'의 관점에서 판단하지만, 중년에는 어떤 선택이 '자녀에게 제일 도움이 되는가?'의 관점에서 판단하게 된다. 즉, 중년기에는 '나'에서 '자녀'로 선택의 기준을 바꿈으로써 한계를 극복한다. 물론 단순히 자녀를 가졌다고 해서 한계를 극복하게 되는 것은 아니다. 그 자녀를 보호하고 잘 성장해서 자신의 일을 이어받을 수 있도록 지도해야 한다. 이것을 위해 부모는 자신의 이익을 기꺼이 희생하게 된다. 이 과정에서 '나'보다는 '남'을 더 우선시할 수 있는 능력을 가지게 되고, 자녀에게 자신보다 더 나은 삶을 살아갈 수 있도록 관심을 기울이고, 자신이 가지고 있는 자원을 자녀에게 기꺼이 주게 된다. 이렇게 자신의 한계를 인정하고 자녀를 통해 한계를 극복하려는 중년에게는 '배려'라는 덕성이 발달한다.

그러나 자신의 자녀가 없는 종교인들도 다른 사람들을 위해 기꺼이 희생할 수 있고, 배려의 덕성을 발휘할 수 있다. 20세기의 성인으로 추앙 받는 테레사 수녀는 길거리에서 죽어가는 사람들을 위해서는 '임종자의 집'을, 그리고 버려진 아이들을 위해서는 '고아의 집'을 세워 돌보아주었다. 이분이야말로 사람이 보여줄 수 있는 생산성과 배려의 극치를 보여주고 있다.

그런데 중년기에 생산성을 발달시키지 못한 사람들은 진정한 의미에서 자신의 한계를 직면할 수 없다. 왜냐하면 다른 대안이 없는 상황에서 한계를 직면하는 것은 곧 심리적으로는 '죽음'을 의미하기 때문이다. 이들에게 다음 세대는 자신의 한계를 극복하기 위해 키워주어야 할 고마운 존재가 아니라, 계속 자신이 더 이상 젊지 않다는 것을 깨닫게 하고 한계를 더 극명하게 느끼게 하기 때문에, 호시탐탐 자신의 자리를 노리는 해로운 존재에 불과하다. 따라서 이들은 젊은 세대들을 배려하고 도와주기보다는 오히려 성장을 방해하고 친밀한 관계를 맺기를 두려워한다.

중년에 젊은 세대와 친밀한 관계를 형성하지 못하는 사람들은 자기침체自己沈滯에 빠지게 된다. 아무리 애를 쓴다고 해도 늙어가는 것을 막을 수 있는 사람은 없다. 결국 우리 모두는 한계를 경험하게 되고, 종국에는 죽는다는 사실을 받아들여야 한다. 하지만 다음 세대를 통해 심리적으로 한계를 극복하지 못하면 늙어가는 것을 두려워하게 된다. 상대적으로 젊고 능력이 많은 다음 세대들이 자신의 현재 지위나 신분을 빼앗아가려는 것 같은 불안을 느끼게 되고, 자기 홀로 이길 수 없는 싸움을 하고 있다는 자괴감과 고립감을 느끼게 된다.

그러나 중년의 아름다움은 '아낌없이 주는 나무'가 되는 데 있다. 삶의 절정에서 자신이 가지고 있는 많은 자원을 다른 사람을 위해 베풀 때 멋있는 중년을 보낼 수 있다. 흰머리가 약간 나기 시작한 중년이 젊은 세대들을 도와주면서 그들이 성장하는 모습을 보며 흐뭇한 미소를 띠는 것은 젊음이 갖지 못한 또 다른 아름다움이다. 멋있는 중년은 '권위적인authoritative' 삶을 살고, 침체에 빠진 중년은 '권위주의적authoritarian'인 삶을 산다.

테레사 수녀는 다음과 같은 말을 남겼다. "당신을 만나는 모든 사람이 당신과 헤어질 때는 더 나아지고, 더 행복해질 수 있도록 하라."

미래가 더 이상
위안이 되지 않는다면

　중년은 지금까지 살아온 삶과 현재 살고 있는 삶, 그리고 앞으로 살아갈 삶을 입체적으로 평가하여 선택하는 시기이다. 청년은 시간 조망이 미래에 있기 때문에 현재의 삶이 불만족스럽더라도 '미래의 꿈'을 먹으며 이겨나갈 힘을 얻는다. 하지만 중년이 되면 더 이상 미래가 현재를 위한 버팀목이 되지 못하므로 '현재'가 가장 중요해진다. 그에 따라 이 생활을 계속할 것인지의 여부에 대해서도 고민하게 되고, 엄중한 선택을 해야 된다는 심리적 압박을 느낀다. 만약 현재의 삶이 자신이 원한 삶이 아니라면 아직까지 선택할 수 있는 기회와 여건이 마련되어 있는 '지금' 결정을 해야 한다. 만약 중년을 넘기고 노년이 된다면 그때는 불만족스럽더라도 선택할 수 있는 기회가 현저히 줄어든다.

　유명한 정신분석 학자 프로이트의 말년에 한 기자가 질문을 했다. "어떻게 하면 잘 살 수 있을까요?" 여기에 프로이트는 의외로 간단하게 대답했다. "Lieben und arbeiten(사랑하고 일하라)." 그는 우리 삶에서 중요한 본질이 '사랑'과 '일'이라는 것을 간파하고 있었던 것이다.

그렇다면 중년에 삶을 평가할 때 우리는 무엇을 평가할까? 당연히 사랑과 일에 대한 것이다. 평범한 우리의 삶에서 '사랑'은 남자와 여자가 만나 결혼을 통해 가정을 이루고 살아가는 것으로 구체적으로 구현된다. 즉, 결혼생활을 통해 우리는 사랑을 주고받으며 삶의 자양분을 얻는다. 결혼을 통해 사회적으로 인정받은 상태에서 성적인 욕구를 해결하고 살아간다. 또한 자녀를 낳고 양육하며 살아간다. 그렇기 때문에 부부간의 원만한 결혼생활은 다른 어느 인간관계보다 더 중요하다.

요즘에는 많이 달라졌지만 사회생활을 하는 남성들은 청년기에는 사회적 성공, 즉 직장에서의 승진이나 개인사업의 성공을 위해 상대적으로 결혼생활에는 크게 관심을 두지 않는 경우가 많았다. 오히려 가정생활을 포기한다고 할 만큼 사회적 성공에 많은 에너지를 사용할 수밖에 없었다. 여성도 직장생활과 자녀의 양육, 살림살이를 늘려가는 데 많은 에너지가 소요되기 때문에 결혼생활의 만족 여부에 크게 신경 쓰지 못한다. 이 시기에는 설사 현재의 결혼생활이 불만족스럽다고 해도 앞으로 성공하면 달라질 것이라는 생각에, '미래'를 통해 얻을 수 있는 근본적인 위안이 있다.

한편 중년에는 미래가 더 이상 위안이 되지 못한다. 위안이 되지 않을 뿐만 아니라 심리적으로도 더 이상의 미래를 꿈꾸지도 않는다. 따라서 결혼생활에 대한 중년의 평가는 냉정하고 객관적일 뿐만 아니라 절실함이 배어 있다. '현재의 결혼생활이 과연 내가 꿈꾸던 것인가? 앞으로 더 이상 좋아질 가능성이 없는 이 결혼생활을 계속 유지해야 할까? 왜 계속해야만 하는가? 만약 다른 선택을 한다면 더 늦기 전에 해야 하지 않을까?' 중년은 이와 같은 구체적이고 실제적인 질문에 정직한 대답을 해야만 하는 시기이다.

여성의 경우는 더 심각하게 선택의 필요를 느낀다. 일반적으로 어머니가 되면 자녀 양육이 가장 큰 관심사가 된다. 자녀가 어렸을 때는 어머니의 손길이 많이 필요하고, 어머니는 자녀를 통해 즐거움과 삶의 보람을 느낀다. 하지만 자녀는 점점 커가면서 어머니를 덜 필요로 하고 자신만의 생활을 찾아나가기 시작한다. 오히려 어머니의 관심을 부담스러워하기도 하고 친구들에게로 관심을 돌리기 시작한다. 그러면 대부분의 어머니들은 자신의 삶이 헛되고 보람이 없다고 느끼게 되는 '빈둥지증후군'을 경험하게 된다. 남편은 한창 사회생활로 바빠서 자신에게 관심이 별로 없고, 자녀는 컸다고 어머니를 부담스러워하는 시기가 되면 "나는 과연 지금까지 무엇을 위해 살아왔는가?"라는 질문에 봉착하게 된다. 그리고 이 질문에 대해 '이혼'이라는 해답을 내리는 경우가 최근 급격히 늘어나고 있다.

최근까지 결혼한 부부가 이혼에 이르게 되는 시기는 결혼한 지 4년 이하인 경우가 가장 많았다. 그런데 20년 이상 된 중년 부부의 이혼이 2012년부터 4년 이하 커플을 앞지르더니 그 비중이 계속 늘고 있다. 2016년 통계청에 따르면 2015년의 총 이혼건수 10만 9000건 중 20년 이상 함께한 부부'의 이혼 비중이 29.9퍼센트를 차지했다. 이혼 커플 3쌍 중 1쌍은 20년 넘게 살고도 이혼 도장을 찍는다는 얘기다. 2019년 보건사회연구원의 '저출산·고령사회 대응 국민 인식 및 욕구 모니터링' 보고서에 따르면, 2018년 전국 50~69세 2022명을 대상으로 50세 이후 황혼이혼에 대한 생각을 조사한 결과, 긍정적('상황에 따라 할 수 있다' '전적으로 할 수 있다') 응답은 41.2퍼센트, 부정적('가능하면 안 된다' '절대 안 된다') 응답은 49.7퍼센트로 나타났다.

특히 대부분의 중년 이혼 신청자가 여성이라는 사실은 결혼생활에 대한 중년의 평가가 여성에게 더욱 심각하고 절실한 과제라는 것을 잘 보여주고 있다. 가정을 지키기 위해 어떤 어려움도 인내하고 헌신하는 여성을 이상화했던 전통적인 가족문화는 이제 더 이상 결혼생활에 만족하지 못하는 여성들을 가정에 묶어두는 족쇄의 기능을 할 수 없다. 이전에는 많은 어머니들이 비록 남편과는 사이가 좋지 않지만 자녀들의 장래를 위해 자신을 희생하고 가정을 지켜왔다. 하지만 시대는 이미 변화하고 있다. 자녀들 스스로가 불행한 결혼생활을 하는 어머니에게 "우리 걱정은 하지 마시고 어머니가 행복하게 사시는 길을 택하세요."라고 오히려 이혼을 권유한다.

이제는 더 이상 전통이라든지 미풍양속이라는 말로 이런 추세를 되돌릴 수 없고, 또 되돌려서도 안 된다. 결혼생활을 유지하기 위해서 어느 한쪽의 일방적인 희생과 인내를 요구해서는 안 되기 때문이다. 그런 결혼생활은 바람직하지도 않고 행복할 수도 없다.

그렇다면 이혼이 중년의 선택에 최상의 해답일까? 이혼은 가족이 해체되는 것이다. 따라서 이혼은 어떤 연유에서 일어나든 당사자뿐 아니라 모든 가족 구성원들에게 심각한 심리적 영향을 미치고, 큰 후유증을 남기게 된다. 당사자는 다시 재혼을 하든 혼자 살든 간에, 이혼까지 이르게 된 상처가 항상 마음속에 자리 잡고 있어서 새로운 관계에도 영향을 미치게 된다. 자녀들도 부모의 이혼으로부터 심리적으로 자유로울 수 없다. 부모의 이혼 때문에 심한 상처를 입은 자녀들과 상담을 해보면 분명히 확인되는 사실이다.

이혼을 무조건 죄악시하거나 막을 수는 없다. 하지만 중년에 빈번히 일어나는 이혼의 심리적 원인을 이해하고 예방 차원의 해결방법을 모색하기 위해서는 이혼의 내면에 자리 잡고 있는 심리적 원인에 대해 관심을 가져야 한다. '부부는 일심동체'라는 말이 있다. 부부가 정말로 '한마음'이 되면 '한 몸'은 저절로 따라온다. 중년 부부의 성적 불만족도 결국 한마음이 되지 못했기 때문에 오는 결과이다. 서로 마음의 벽을 헐고 자신과 상대방이 원하는 것을 충분히 이해하고 이해받는다면, 한 몸은 저절로 따라오는 것이 이치이다. 한마음이 되지 않은 상태에서 한 몸만 되려고 하면 상대방을 거부하게 되고 그로 인해 좌절하게 되는 것이다.

어떤 관계이든 그 관계가 건강한지 혹은 병들어가는지를 제일 쉽게 알 수 있는 방법은 서로 대화가 계속되는지 아니면 끊겼는지를 보는 것이다. 부부간에 대화가 계속된다면, 그리고 그 대화를 통해 상대방의 마음을 진정으로 이해한다면 결국 이혼이라는 결정까지는 이르지 않을 것이다. 그러므로 마음의 문을 열고 상대방과 진정한 대화를 나누는 것이 이혼을 막고 행복한 결혼생활을 유지하는 최상의 방법이다. 중년을 맞아 느끼는 심리적 갈등과 좌절을 서로 허심탄회하게 상대방에게 전달하고, 위로받으며 서로 힘을 북돋는 것이 마음의 벽을 헐고 한마음이 되는 지름길이다.

친밀함의 상징

〈여성조선〉의 조사(2017년 3월)에 의하면, 우리나라 부부들의 약 절반이 각방을 쓰는 것으로 나타났다. 부부싸움을 하더라도 해를 넘기지 말고, 어떤 일이 있어도 침실은 함께 사용해야 한다는 것을 철칙으로 삼고 살아온 사람들에게는 충격일 수도 있을 것이다. 아마 부부는 반드시 함께 지내야 한다는 생각을 하는 사람들은 'Out of sight, out of mind(몸이 멀어지면 마음도 멀어진다)'는 격언을 생각하고 있을 것이다.

하지만 각방을 쓰는 표면적인 이유만 보면 크게 걱정할 필요는 없을 것 같다. '배우자의 잠버릇이 심해서(27퍼센트)' '육아 때문에(26퍼센트)' '부부의 활동시간대가 달라서(25퍼센트)' 등 부부의 친밀도와는 상관없이 어쩔 수 없는 상황에서 각방을 쓰는 부부가 전체의 78퍼센트라고 한다. 그리고 '부부 사이가 안 좋아서(9퍼센트)' 각방을 쓰는 경우는 크지 않은 것으로 나타났다. 하지만 각방을 쓴 후 '변화가 없다(57퍼센트)'는 부부가 많기는 하지만, '사이가 더 좋아졌다(14퍼센트)'는 부부보다는 '소원해졌다(29퍼센트)'가 더 많은 것으로 보아 각방을 쓰는 결정은 부부가 신중하게 생각하고 완전히 합의하여 실행하는 것이 바람직할 것이다.

    부부관계가 세상의 모든 다른 관계와 구별되는 것은 바로 사회적으로 100퍼센트 용인되었을 뿐만 아니라 사회적으로 보호받는 성관계를 자유스럽게 맺을 수 있다는 것이다. 세상의 어느 문화에서도 (그 횟수나 방법이나 기간 등을 제한하는 경우는 있지만) 부부간의 성관계를 죄악시하거나 금기시하는 경우는 없다. 그것은 부부간의 쾌락을 위해서만이 아니라 종족의 유지와도 관련되기 때문이다.

    중년 부부들을 상담하다 보면 성 문제로 갈등을 겪고 있는 경우가 많다. 그 갈등의 핵심은 부부 중 한 명이 상대방이 원하는 만큼의 성적 관계를 맺으려 하지 않는다는 것이다. 그런데 상담을 받으러 와서 처음부터 자신들이 성 문제로 갈등을 겪고 있다고 솔직하게 이야기하는 경우는 생각보다 드물다. 자신들의 문제를 쉽게 꺼내는 부부는 오히려 건강한 부부이며, 이들은 자신의 문제를 인정하기 때문에 상담의 효과도 좋다.

    하지만 대개의 부부들은 그럴듯한 다른 원인들을 내세운다. 이 원인이 사실인 경우도 물론 많이 있다. 부부간 불화의 원인이 모두 성적 불만족에 있는 것은 아니다. 성적으로는 만족하지만 다른 이유로 얼마든지 갈등을 빚을 수 있다. 위에 인용한 조사에서도 나타나듯이, 각방을 쓰면서 오히려 부부관계가 좋아진 부부도 14퍼센트나 된다.

한편 성적인 불만족이 부부간의 불화의 주요한 이유인데도 의식하지 못하는 경우도 많다. 즉, 무의식으로 억압을 하고 있는 경우다. 아무리 부부라 할지라도 성에 관련된 내용을 드러내는 것을 억압하는 한국 문화의 특성상 이야기하는 것에 심한 저항을 느끼기 때문이다. 특히 가부장적인 한국 문화를 강하게 내면화한 남편이나 정숙한 여성상을 마음속에 내면화하여 성을 심하게 억압하고 있는 부인들이 그렇다.

만족스러운 부부생활을 하기 위해서는 몇 가지 오해를 풀어야 한다. 제일 먼저 풀어야 할 오해는 성에 대한 정의이다. 일반적으로 통용되는 '성' 혹은 '성관계'는 '이성 간의 성교'를 의미한다. 다시 말하면 '성인 남녀가 성기를 결합하여 육체적으로 관계를 맺는 것'을 의미한다. 그렇기 때문에 어떤 이유에서든지 부부간에 일정 기간 성교를 하지 않으면 소위 '섹스리스'로 분류된다.

이 정의가 틀린 것은 아니지만, 성관계를 너무 협소하게 제한하는 결과를 낳는다. 물론 성교가 부부간의 성관계에서 가장 핵심적이고 자극적이며 강한 만족을 주는 관계인 것은 분명하다. 하지만 그것만이 성관계는 아니다. 성관계를 넓은 의미로 '신체적인 즐거움' 모두를 의미하는 것으로 확대 해석할 필요가 있다. 성을 이렇게 넓게 보면 사람이 태어날 때부터 죽을 때까지 성적 욕망을 가지고 있다는 프로이트의 주장도 이해할 수 있다.

여성용 화장실에 몰래 숨어서 훔쳐보는 행동을 하다가 적발되는 경우가 종종 언론에 보도된다. 요즘은 기술의 발달로 이른바 '몰카'를 설치하는 경우도 많아 심각한 사회 문제가 되고 있다. 이런 행위를 하는 사람을 일반적으로 '변태성욕자'라고 부른다. 이 말이 의미하는 것은 성적 욕망을 잘못된 방법으로 해결하려는 사람이라는 것이다. 즉, 이성의 몸을 보려는 것도 성적 욕망의 하나이고, 즐거움을 주는 행위라는 전제에서, 다만 그 방법이 정상적이지 않기 때문에 '변태'라고 부르는 것이다.

어떻든 성적 욕망에는 다양한 스펙트럼이 있기 때문에 부부간의 성관계도 좁은 의미로 한정할 필요는 없다. 두 사람이 서로 손을 잡고 산책을 하면서 즐거움을 느낀다면 이것도 얼마든지 바람직한 성관계를 맺고 있는 것이다. 서로 멀리 떨어져 산책을 하는 것보다 손잡고 다정하게 담소를 나누며 걷는 부부를 바라보는 사람들이 아름답게 느끼는 이유는 '손을 잡는' 신체적 행위를 통해 즐거움을 느낄 수 있다는 것을 알고 있기 때문이다. 또 비록 손을 잡거나 신체적인 접촉을 하지 않아도 서로 상대방을 그윽한 눈길로 바라보면서도 얼마든지 즐거움을 느낄 수 있다. 예술, 특히 누드화를 감상하는 것이 즐거울 수 있는 이유는 그런 행위의 저변에 '보는' 즐거움이 있기 때문이다. 예술 활동이 '성적 욕망'이 승화된 것이라고 정의할 수 있는 이유도 여기에 있다. 물론 이 즐거움을 정상적이지 못한 행위로 만족하려고 하는 병적인 상태는 '관음증'이라고 불러야 할 것이다.

부부간의 원만한 성생활이 한 가지 양식을 통해서만 나타나는 시대는 지났다. 직장 때문에 떨어져 지내야 하는 경우도 있고, 어린 자녀의 양육 때문에 각방을 써야 하는 경우도 있다. 그리고 나이가 들면서 젊은 시절 성교를 중심으로 하던 성관계도 부부간의 합의에 따라 다양하게 변할 수 있다. 분명한 사실은 부부간의 성은 단순한 쾌락의 문제가 아니라 친밀함의 상징이라는 것이다. 그리고 부부간의 친밀도는 원만한 결혼생활의 지표이다. 그러므로 부부는 다양한 방식으로 성적 만족을 느껴야 하며, 이제는 단순히 성교의 빈도로 성관계를 이해하려는 좁은 시야에서 벗어나야 한다. 부부간의 자발적인 합의만 전제된다면, 둘 사이에는 다양한 성생활의 세계가 펼쳐져 있다.

신체를 통한
모든 즐거움

잘 알려진 대로, 정신분석 학자 프로이트는 우리 삶을 움직이는 핵심적인 본능은 성욕이라는 이론을 발표하여 큰 반향을 일으켰다. 특히 그가 주장한 '유아성욕설'은 세간을 깜짝 놀라게 했다. 그에 의하면 성욕은 우리가 일반적으로 생각하는 것처럼 사춘기 이후에 나타나는 것이 아니라, 갓난아이부터 노인에 이르기까지 한평생 지속되는 욕구이다. 도대체 갓 태어난 천진무구한 어린아이가 무슨 성욕이 있을까? 덕분에 그는 그 이론을 발표한 이후부터 지금까지 많은 사람들로부터 비난의 표적이 되고 있다.

하지만 이런 비난은 프로이트가 생각하는 성과 일반인이 생각하는 성의 개념이 서로 다르기 때문에 생긴 오해에서 비롯된다. 그에게는 '신체를 통한 모든 즐거움'이 다 성이다. 갓난아이가 방금 젖을 먹어 배가 부르면서도 어머니의 가슴을 만지는 것은 손바닥으로 느껴지는 촉감을 즐기기 위한 것이다. 즉, 그것도 성욕을 만족시키는 것이다. 이렇게 성을 넓게 이해하면 성욕을 만족시키는 방법은 다양하다. 하지만 일반적으로는 성^{sex}을 '성인 남녀의 육체적 관계'라고 좁게 생각하기 때문에, 성욕은 성인 남녀의 육체적 관계만을 통해 만족할 수 있는 것이라고 생각하는 것이다. 그래서 남녀가 성기를 결합하여 육체적 관계를 맺는 성행위만이 성욕을 해소하는 제일 중요한 활동이라고 여겨진다.

물론 성행위가 인간의 가장 신성한 생산 활동이자, 인류 문명의 동력이라는 것은 두말할 필요도 없다. 그리고 현대 의학에 의하면 성은 건강과도 깊은 관련이 있다고 입증되고 있다. 영국의 한 대학교 연구팀의 보고에 따르면 활발하게 성생활을 즐기는 중년 남성들이 그렇지 않은 사람들보다 훨씬 건강하게 오래 산다는 결과가 나왔다. 45세에서 59세 사이의 남성 918명의 성생활과 사망률과의 관계를 조사한 결과, 가장 활발하게 성생활을 하는 그룹의 사망률은 가장 소극적인 그룹의 절반에 불과했다. 또한 '2020 글로벌인재포럼'에 초청된 창의력 분야의 세계적 권위자인 미국 윌리엄메리 대학교의 김경희 교수는 성과 창의력 사이에도 깊은 관계가 있다는 최근 연구 내용을 발표하였다.

또, 한 글로벌 제약사의 조사에 따르면 한국인의 89퍼센트(남성 96퍼센트, 여성 82퍼센트)가 '성이 인생에서 가장 중요하다'고 응답해 세계 1위를 차지했다. 이는 세계 평균인 73퍼센트보다 월등히 높은 수치이며, 일본인의 53퍼센트에 비하면 2배에 해당한다. 이는 성행위가 단지 성적 본능을 만족시키는 도구일 뿐만 아니라 '자식을 많이 낳는 것'을 최선의 가치이자 의무로 인식했던 유교적 가치를 내재화한 것에서도 비롯된다고 봐야 할 것이다.

이런 문화 속에서 한국 남성들은 자신의 성관계 능력을 '남성다움'의 척도로 생각하는 경향이 강하다. 부인을 성적으로 만족시키기만 하면 다른 부족한 점은 다 용서해줄 것이라는 크나큰 착각도 한다. 조사에서 한국 남성들은 발기부전이나 성기능장애로 성생활을 하지 못하거나 파트너를 만족시켜주지 못할 경우 68.2퍼센트가 '자존심이 심하게 상처받는다'고 응답했다. 또한 의욕이 떨어져 '일에 지장이 있다'는 고백도 41.9퍼센트에 달했다.

대부분의 남성은 중년기를 거치면서 서서히 자신의 신체적 능력이 전과는 다르다는 것을 느끼기 시작한다. 소위 '예전 같지 않다'는 탄식이 나오기 시작한다. 젊었을 때는 며칠 밤을 새워가며 작업을 해도 하루 푹 자고 나면 개운하게 피곤이 풀리곤 했다. 하지만 중년이 되면 조금만 과로를 해도 피로가 며칠씩 지속되곤 한다. 전반적으로 체력이 약해지는 것과 더불어 정력이 떨어지는 것도 막을 수 없다. 전처럼 자주 성욕이 일어나는 것도 아닐뿐더러 성욕이 일어났다고 해도 성관계 자체를 예전처럼 활기 있게 즐기기가 점점 어려워진다.

성욕은 '테스토스테론'이란 남성호르몬이 뇌를 자극해서 생기는데, 보통은 남성의 성욕이 여성보다 훨씬 충동적이고 강력하다고 알려져 있다. 남성이 여성보다 10~20배 많은 테스토스테론을 생산하기 때문이다. 조사에 의하면 우리나라의 경우 40대(남 21퍼센트, 여 24퍼센트), 50대(남 31퍼센트, 여 22퍼센트), 60대(남 24퍼센트, 여 15퍼센트)의 분포로 성욕감퇴를 호소하고 있는데, 갱년기 남성들이 스트레스와 성인병 등으로 고통을 겪고 있음을 알 수 있다.

많은 중년의 남성이 당혹감을 느끼는 발기부전은 성생활에 충분한 발기가 되지 않거나 유지되지 않는 상태를 의미한다. 일반적으로 이러한 상태가 3개월 이상 지속되면 발기부전으로 정의한다. 발기부전의 원인은 흡연, 음주, 당뇨, 고혈압, 뇌혈관질환, 약물 부작용 등으로 다양하다. 또한 과도한 스트레스나 우울증 등 심리적 요인도 원인이 될 수 있다.

성욕 감퇴나 발기부전 등의 변화를 겪는 중년의 남성들은 부인의 성적 욕구를 만족시켜주지 못한다는 자괴감을 심하게 느낀다. 이는 성욕이 단순히 신체적인 즐거움으로 그치는 것이 아니라 관계의 속성에도 영향을 미치는 사회적 즐거움과도 밀접한 관계가 있다는 것을 의미한다. 혹시 부인에게 '늙었다고 구박받지나 않을까?' 또는 '나에게 남성으로서의 매력을 더 이상 못 느끼는 것은 아닐까?' 하는 두려움도 함께 온다.

나이가 들면서 성욕이 줄어들고 성적 능력이 감퇴하는 것은 자연스러운 일이다. 우리 삶을 성적 능력을 중심으로 크게 나누면

전前생식기, 생식기, 후後생식기로 나눌 수 있다. 다시 말하면 자식을 낳을 수 없는 전생식기를 거쳐 자식을 낳고 키우는 생식기, 그리고 더 이상 자식을 낳고 키우는 활동을 하지 않는 후생식기로 나눌 수 있다. 그렇다면 젊었을 때 성욕이 왕성하고 성적 능력이 최고조에 달하는 것이 당연하다. 성적 활동이 활발할수록 임신할 확률이 늘어나기 때문이다. 그래야 자손을 번식시키고, 동시에 사회가 유지될 수 있으니 말이다.

우리의 몸과 마음은 주어진 에너지를 가장 효율적으로 사용하는 방향으로 움직여간다. 생식과 양육이 중요할 시기에는 당연히 많은 에너지가 이와 관련된 활동에 투입된다. 당연히 성에 대한 생각이 많아지고, 욕구도 높아지며 이와 관련된 활동도 활발히 하게 된다. 하지만 더 이상 생식을 할 필요가 없어지는 시기에 아직도 이런 활동에 많은 에너지를 투입하는 것은 효율적인 것이 아니다. 이제는 후생식기에 필요한 다른 활동에 관심과 에너지가 투입되어야 한다.

통념과는 달리 청년기는 우리 삶에서 제일 좋은 시기가 아니다. 신체적인 면에서는 절정에 있지만, 그렇다고 해서 제일 행복한 시기라고 할 수는 없다. 젊은 시절에는 일과 사랑 등 그 나름대로의 과제와 고민이 있을 수밖에 없다. 하지만 우리는 은연중에 젊었을 때가 우리 인생의 절정이라고 생각한다. 그리고 가능하면 그 시기에 오래 머무르려고 온갖 노력을 다한다. 하지만 아무리 노력해도 시간과 싸워 이길 장사는 없다.

젊었을 때와 비교하여 성욕이 줄었다거나 성관계의 빈도가 줄었다고 낙담할 필요는 없다. 프로이트의 이론을 빌리지 않더라도 성적 만족은 성관계 이외의 다양한 방법으로 추구할 수 있다. 중년의 부부가 서로 손을 맞잡고 눈을 맞추며 여유 있게 산책하고 담소를 나누는 모습은 얼마나 아름다운가? 따뜻한 포옹이나 입맞춤, 다정한 대화가 곁들여진다면 이 역시 훌륭한 성생활이 될 수 있다.

성욕 감퇴와 성적 능력의 저하로 남모르게 고민하는 중년들이여, 이제는 성관계의 빈도에 대한 강박에서 벗어나자. 중년 이후의 삶에서는 한 달에 몇 번 성관계를 맺느냐가 중요한 것이 아니다. 성적 만족의 질이 중요하다. 비록 성관계를 맺는 횟수는 적어진다 해도 더 큰 만족을 느낄 수 있는 활동이 얼마든지 가능하다.

건강한 부부관계를 맺는
본질적 요인

"가족끼리 그러는 거 아니야."

성욕은 식욕과 함께 가장 강한 본능이라고 알려져 있다. 가장 강하다는 말은 그 본능을 만족시키려는 동력 역시 강하다는 말이고, 그 본능이 적당하게 해소되지 않으면 긴장이 누적되고 불편해진다는 뜻이다. 그리고 그 긴장을 완화하기 위해 다양한 수단을 강구한다는 뜻이다. 결혼했다면 배우자와의 관계에서 성적 만족을 해결하는 것이 바람직하다는 것은 두말할 필요가 없다. 하지만 불행하게도 한국은 일본에 이어 세계에서 두 번째로 부부간에 성관계를 적게 맺는다.

섹스리스는 최근 1년간 성관계 횟수가 월 1회 이하인 상태를 말한다. 해외 논문에 발표된 연구 결과에 의하면, 세계의 섹스리스 부부 비율은 평균적으로 전체의 20퍼센트 수준이다. 이에 비해

2016년 강동우 성의학연구소의 설문조사에 따르면 한국은 기혼자 743명 가운데 성관계가 월 1회 이하이거나 없다고 응답한 비율을 더한 '섹스리스'가 36.1퍼센트로 나타났다. 한국은 일본(45퍼센트)에 이어 두 번째로 섹스리스 부부가 많은 나라로 드러났다. 더구나 50대 이상 부부는 43.9퍼센트가 섹스리스인 것으로 파악됐다.

섹스리스의 원인으로 경제협력개발기구OECD 회원국 중 둘째로 노동시간이 길고, 빈번한 야근과 회식을 자주 갖는 직장 문화가 꼽힌다. 또한 전업주부인 경우 소위 '독박육아'로 육아의 책임을 어머니에게 주로 맡기는 문화 탓에 유독 육아에 많은 시간과 에너지를 쏟고, 집안 살림에 치이는 경우에 부부간의 성관계를 즐길 여유와 관심이 줄어들 수밖에 없다.

부부의 성관계는 단지 성적인 욕망을 해결하는 수단이 아니라, 부부만이 가질 수 있는 친밀감을 돈독하게 해주는 핵심 수단이다. 부부관계를 통해 서로 애정을 확인하고, 즐거운 일이나 괴로운 일을 당해도 이를 극복할 수 있는 강한 유대감을 가질 수 있다. 그렇다면 일본과 한국이 세계에서 1, 2위를 차지할 만큼 섹스리스 부부가 많은 이유는 무엇일까? 여기에는 분명히 일본과 한국에 공통적인 문화적 배경이 있다는 것을 의미한다.

먼저 우리나라와 일본은 가족구조에서 아버지와 아들을 중심축으로 하는 소위 '부-자 중심'의 문화이다. 아버지와 아들을 중심축으로 하는 가족관계에서는 무성욕성, 즉 가족 간에는 성적인 면이 무시되거나 억압되는 속성이 강하다. 우선 아버지와 아들은 동성일 뿐만 아니라 부자지간이기 때문에 그 관계에는 성이 끼어들 여지가 없다. 일반적으로 성욕은 이성 사이에서 일어나는 것이기 때문이다.

또 부자간의 유대관계를 계속 공고히 유지하기 위해서는 결혼한 아들이 부인보다 아버지에게 더 친밀감을 느껴야 한다. 따라서 부부간의 애정관계가 억제될 필요가 있다. 만약 아들이 아버지보다 부인과 더 친밀해진다면 부인과 연대하여 아버지와의 관계를 소원하게 할 위험성이 있기 때문이다. 따라서 부부 사이에서도 성적인 것이 무시되거나 억압된다.

이 특징은 남편과 부인을 중심축으로 하는 서구, 즉 '부夫-부婦' 중심의 가족관계와 비교해보면 극명하게 드러난다. 부부지간은 남자와 여자, 즉 이성 간의 관계다. 그리고 성인 이성을 맺어주는 가장 강력한 힘은 성적인 매력이다. 따라서 서양의 가족관계는 성욕성의 특징이 있다. 다시 말하면 서양의 가족관계는 성을 기반으로 한다. 따라서 부부 두 사람이 사용하는 침실은 신성불가침의 성역이고, 이 침실에서 부부는 아무런 방해도 없이 서로의 성적 매력을 즐기고 또 서로 사랑을 확인한다. 어린 자녀도 가능하면 일찍 다른 방을 사용하도록 교육받는다.

부부간의 성적인 관계를 억압하거나 부정적인 것으로 치부하는 문화에서 성욕은 결국 가정 밖으로 나가게 된다. 특히 남성의 경우, 가정 안에서 해결하지 못한 성욕을 풀기 위해 가정 밖에서 배출구를 찾을 확률이 높아진다. 아버지와 아들을 축으로 하는 가족문화를 가진 동아시아 국가들에서 공통적으로 '기생 문화' '첩 문화'가 발달한 것은 우연이 아닐 뿐만 아니라, 유흥문화가 번성하는 것도 다 이유가 있다.

강동우 성의학연구소 조사에 따르면 성매매 같은 혼외 성관계를 외도라고 생각하지 않는 남성의 35.1퍼센트는 성관계를 단지 쾌락을 위한 도구로 여기고 있었다. 혼외 성관계에 관대한 남성일수록 쾌락 위주의 성관계를 중시할 뿐만 아니라, 부인과의 성관계를 통한 친밀감과 유대감을 별로 중요시하지 않는다. 외도했다는 비율은 남성(50.8%)이 여성(9.3%)보다 훨씬 높았다. 30대 남성(42.3%)보다는 40대 남성(48.4%)이 외도를 훨씬 많이 경험했고, 50대, 60대로 갈수록 높아졌다.

이런 문화 속에서 성장한 일부 한국 남성에게는 성과 여성에 대한 이중 잣대가 있다. 우선 집안의 여성, 즉 어머니와 누이, 딸, 부인은 '성녀聖女'다. 이들은 성性과 연관되어 있지 않을 뿐만 아니라, 이들을 성과 연관시켜 생각해서도 안 된다. 또한 집안의 여자는 함부로 외간 남자에게 음료를 접대하는 것이 금지된다. 술을 권한다든지 하는 '천박한' 행동은 절대 삼가야 한다. 그것은 '집 밖 여자들'이나 하는 짓이다.

하지만 이들을 제외한 가정 밖의 여성은 자신의 욕구를 만족시켜주는 대상, 즉 '성녀性女'로 생각한다. 이들은 자신의 성적인 욕망을 만족시켜주는 여성, 즉 성욕의 대상이 되는 여성이다. 집안의 여성을 '성녀聖女'로 필요 이상으로 성적인 면을 배제시켜놓은 대신 그 외의 여성은 지나치게 성의 색깔을 덧칠해 '성녀性女'로 인식하는 것이다. 그래서 외부의 여성들에게는 직장에서나 다른 사석에서 성적인 농담을 건네거나 추근대는 것이 오히려 남자다운 것이라는 잘못된 생각을 가진 남성들이 있다.

이런 문화적 상황에서 부인의 성은 억압될 수밖에 없다. 여성들이 성에 대해 공개적으로 만족을 요구하거나 성욕을 표현하는 것은 '정숙한' 여성에게는 바람직하지 못한 것으로 교육받는다. 은연중에 이런 교육을 받은 여성은 집안일이나 육아로 피곤한 경우 쉽게 자신의 성욕을 억제하고 성관계를 멀리하게 된다. 부부 사이의 건강한 성관계는 삶의 즐거움과 활력을 주는 가장 강력한 에너지가 된다. 조사에 의하면 섹스리스 부부의 결혼 만족도는 10점 만점에 5.8점이고 성관계를 즐기는 부부의 결혼 만족도는 6.6점인 것으로도 확인된다. 부부간의 성은 단순한 쾌락의 도구가 아니라 건강한 인간관계를 맺는 본질적 요인이자 지름길이다.

유혹을 현명하게 물리치다

중년기는 청년기와 노년기가 공존하는 시기이다. 청년기 때에는 전혀 의식하지 않았던 노년기가 신체적 변화를 통해 점차 다가오고 있다는 사실을 더 이상 부인하거나 회피할 수 없게 되는 시기이다. '어린이'나 '젊은이'는 형용사 '어리다'와 '젊다'에 사람을 나타내는 '이'를 붙여 만든 합성어이다. 즉 어린 사람 또는 젊은 사람이라는 뜻이다. 같은 방식으로 '늙다'라는 형용사에 '이'를 붙여 만든 '늙은이'는 늙은 사람이라는 뜻이다. 이 세 낱말 중에 어린이와 젊은이는 긍정적인 의미를 가지고 있지만, 늙은이는 부정적인 느낌을 준다. 그래서 나이든 사람에게 '늙은이'라고 부르는 것은 삼가야 한다. '어르신'이니 '연장자'라는 단어를 사용하여 돌려 말한다. 다시 말하면 늙은 것은 부정적인 것이라는 뜻이다.

부정적인 상황이나 사건을 접하게 될 때 사람들이 첫 번째 보이는 일반적인 반응은 그런 일이 없다고 부정하는 것이다. 예를 들면, 정기적인 신체검사 결과 큰 병에 걸렸다는 사실을 통보받거나, 합격할 것을 절실히 기대하고 있던 상황에서 불합격되었다는 통보를 받게 되면 거의 대부분의 사람들은 처음에는 "그럴 리가 없다"거나 "혹시 검사가 잘못 된 것 아니냐" 등의 반응을 보인다.

늙어간다는 것 또는 늙었다는 것을 자각하고 인정한다는 것은 절대 즐거운 일이 아니다. 지금도 많이 사랑받고 있는 가수 고 김광석 씨의 노래 〈서른 즈음에〉는 벌써 서른 즈음부터 "머물러 있는 청춘인 줄 알았는데/비어가는 내 가슴속엔/더 아무것도 찾을 수 없네/계절은 다시 돌아오지만/떠나간 내 사랑은 어디에/내가 떠나보낸 것도 아닌데/내가 떠나온 것도 아닌데/조금씩 잊혀 간다"며 나이 들어간다는 것이 얼마나 쓸쓸하고 슬픈 일인지를 절절하게 노래하고 있다.

신체적으로 더 이상 젊지 않다는 사실을 자각하게 될 때도 마찬가지이다. 처음 이런 자각을 하게 된 중년기 초기의 사람들은 일반적으로 자신이 늙었다는 사실을 완강히 부인한다. 그래서 '아직 젊다'고 강하게 주장하면서 그 증거를 보여주려고 한다. 특히 다른 누구에게보다 자기 자신에게 아직 젊다는 사실을 증명하려고 노력하게 된다.

방법은 여러 가지다. 젊었을 때보다 더욱 일에 열성적으로 몰두하면서 아직도 젊은이 못지않게 체력이 좋다는 것을 보여주려

하거나, 운동에 열중하여 자신이 늙어간다는 느낌에서 벗어나려고 애쓴다. 대학 캠퍼스에서는 종종 40대 중반의 교수가 젊은 대학원 학생들과 늦은 시간까지 농구나 축구 경기를 하는 것을 볼 수 있다.

그러나 젊음을 확인하는 가장 효과적인 방법은 이성異性을 통한 확인이다. 젊을 때를 인생에서 제일 매력적인 시절이라고 여기는 문화 속에서 자신이 아직도 젊다는 것을 확인하는 방법은 바로 이성으로부터 매력적이라는 반응을 얻는 것이기 때문이다. 나이가 어린 젊은 이성으로부터 오는 반응이라면 더욱 효과적일 것이다. 일반적으로 나이 든 남자가 젊은 여성에게 "젊은 오빠"라고 불리기를 바라고, 나이 든 여자가 젊은 남성에게 "매력적인 누님"으로 불릴 때 기뻐하는 이유이기도 하다.

생애에서 다른 어느 시기보다 중년에 외도가 제일 많이 일어나는 이유가 바로 여기에 있다. 물론 외도는 중년기에만 국한된 것은 아니다. 결혼생활을 전제로 한 외도는 결혼 이후 언제라도 일어날 수 있고, 일어나고 있다. 하지만 젊었을 때의 외도와 중년기의 외도는 그 이유가 다르다.

외도는 본질적으로 이성 간에 일어나는 사건이다. 그리고 특수한 경우가 아닌 일반적인 이성 간의 관계는 대부분 성이 직·간접적으로 관련되어 있다. 젊었을 때의 외도는 배우자와의 관계가 불만족스럽거나, 아니면 배우자와 관계없이 단지 성 그 자체를 목적으로 한다. 즉, 이성 간의 성적 관계에서 오는 즐거움을 얻는 것이 목적일 것이다.

중년기의 외도에도 물론 성이 개입되는 경우가 많다. 하지만 중년기의 외도는 젊은 이성을 통해 자신이 아직도 젊다는 것을 확인하려는 것이 주목적이다. 그렇기 때문에 중년기의 외도는 대개 나이 차이가 많은 중년의 남(여)성과 젊은 여(남)성 간에 이루어지는 경우가 많다. 또 성 그 자체가 목적이 아니기 때문에 성적인 관계를 갖기 이전에 '정서적 교감'이 필요하다. 단지 성적 욕구를 만족시키는 것만이 목적이 아니라, 상대방으로부터 '아직도 젊고 매력적이다'라는 반응을 얻는 것이 목적이기 때문이다.

중년의 외도는 주로 같은 영역에 있는 사람들 사이에서 많이 일어난다. 이 영역은 다양하다. 같은 직장일 수도 있고, 같은 취미, 같은 경험, 같은 목적이거나 같은 이데올로기일 수도 있다. 공통의 영역에서 함께 지내다 보면 상대방에 대해 잘 알 수 있어 정서적 교감을 공유하게 될 확률이 높아지기 때문이다.

하지만 이 관계는 생각만큼 오래 가지 못한다. 나이 든 남자가 젊은 여성을 상대로 외도를 할 때 대개 두 가지 경우가 있다. 첫째는 정서적 교감이 깊어져 여성이 사랑에 빠진 경우이다. 이때 여성은 미혼이기 때문에 가능하면 결혼을 통해 그 관계를 지속하려고 하며 남자에게 이혼을 종용하게 된다. 하지만 남자의 경우 부인과의 결혼생활에 대한 만족 여부에 관계없이 외도가 이루어지는 경우가 많으므로 이혼을 하려는 의사는 거의 없는 경우가 대부분이다. 따라서 결국은 여성이 깊은 상처를 입고 관계가 끝나게 된다.

둘째는 여성이 남성이 가지고 있는 지위, 재산 또는 권력 등을 이용하여 자신의 야망을 이루려고 하는 경우이다. 이런 여성은 자신이 이용할 수 있는 자원을 아직 가지지 못했기 때문에 젊은 남자에게는 매력을 느끼지 못한다. 당연히 자신의 야망을 신속히 이루어줄 자원을 많이 가진 중년의 남자에게 매력을 느끼게 된다. 그 관계를 통해 자신의 목적을 달성하거나, 혹은 상대방이 그 야망을 이루어주지 못할 것으로 판단되면 관계를 깨게 된다. 이 경우에는 상대 남성이 상처를 입는다.

최근까지는 중년의 외도라고 하면 거의 남자들의 전유물인 것처럼 여겼다. 여자의 경우에는 소수의 일이라고 치부해왔다. 하지만 요즘은 여성들이 집 밖에서 하는 활동이 증가하였고, 사회생활도 왕성하게 하기 때문에 중년 여성의 외도도 심심치 않게 일어나는 추세이다. 물론 여성도 중년기에 남성과 같은 신체적, 심리적 변화를 겪기 때문에 외도의 유혹이 있는 것은 당연하다. 또한 중년 여성은 성경험이 늘어가면서 성에 대해 훨씬 적극적으로 변한다. 그리고 마음 깊은 곳에서는 자신이 여성으로서 아직도 매력적이고 이성에게 사랑받을 가치가 있는 존재임을 확인하고 싶어 하기도 한다. 하지만 남편이 이런 신체적, 심리적 욕구를 제대로 충족시켜주지 못하면 자신이 여성으로서 매력이 없고 거부당하는 것 같은 느낌을 받는다. 그런 상황에서는 자신이 아직도 젊고 매력적이라는 인정을 해줄 이성을 찾게 된다.

　남자든 여자든 외도의 결과는 마찬가지이다. 많은 경우 외도는 가정의 해체로 이어지며, 그 과정에서 당사자뿐만 아니라 자녀 등 다른 가족들에게 큰 상처와 고통이 뒤따른다. '늙어가는 것'은 살아 있는 모든 존재가 피할 수 없는 정해진 길이다. 이 길을 피해갈 생명체는 없다. 그렇다면 이길 수 없는 싸움을 하면서 자신에게도, 그리고 가족에게도 씻을 수 없는 상처를 주는 외도는 중년을 현명하게 보내는 길이 아니다. 공자님 시대에 40대는 '불혹不惑'의 세대였을지 모르지만, 현재의 중년은 안과 밖으로부터 '유혹誘惑'이 많은 세대이다. 이 유혹을 현명하게 물리치는 것이 중년을 자기실현의 기회로 삼는 지름길일 것이다.

몸의 변화
몸의 지혜

중년에 나타나는 특징 중 하나는 남성은 여성적으로, 여성은 남성적으로 변한다는 것이다. 최고의 인기 가수로 1960년대와 70년대를 풍미하고 15대 국회의원까지 지낸 최희준 씨가 부른 〈엄처시하〉의 노랫말에는 "열아홉 처녀 때는 수줍던 그 아내가…… 눈 밑에 잔주름이 늘어가니까 무서운 호랑이로 변해버렸네"라는 구절이 있다. 중년이 되면서 남자는 온순해지고, 여자는 오히려 강해지는 변화를 재미있게 노래하고 있다.

열아홉 살 처녀 때는 수줍던 여성이 왜 눈가에 주름이 늘어가는 중년이 되면 호랑이로 변하는지 남자들은 좀처럼 이해할 수 없다. 그렇지만 왜 남자들은 주름이 늘어가는 부인이 무서워지는 것일까? 그 이유는 중년이 되면 남녀 모두 변하기 때문이다.

태어날 때는 외모나 행동에서 남녀의 구별이 뚜렷하지 않다.

발달과정에서도 아동기까지는 차이가 크지 않다. 오히려 아동기에는 여아들이 남아들보다 체격이 더 크고 적극적인 경우가 많다. 발달이 빨라진 요즘에는 초등학교 고학년 교실에 가면 여학생들이 같은 반 남학생들의 누나처럼 보이기도 한다.

사실 어린이들은 양성적이다. 즉, 남성적인 특성과 여성적인 특성을 모두 가지고 있다. 그러던 어린이들은 청소년기에 들어서면서 급격히 변하기 시작한다. 청소년기는 어린이에서 어른으로 변화하는 시기이다. 신체적으로 어린이와 어른은 생식 능력, 즉 아이를 낳을 수 있는지의 여부로 나눌 수 있다. 그래서 남자아이는 아버지가 될 수 있는 몸으로 변하고, 여자아이는 어머니가 될 수 있는 몸으로 변한다. 이 과정에서 신체적으로 급격한 변화가 일어나는데, 이를 '제2차 성징'이라고 부른다. 이때 남자아이보다 여자아이의 변화가 더 뚜렷하다. 그중에서도 가장 분명한 변화는 '초경'을 하는 것이다. 남자아이도 여자아이처럼 눈에 띄지는 않지만 '몽정'을 하는 등 부모가 될 수 있는 변화가 일어난다.

중년에도 큰 변화가 있다. 우선 신체적으로 여성이 더 이상 출산할 필요가 적어진다. 중년 이후에 임신을 하는 경우 산모와 태아의 건강이 염려가 된다. 더구나 중년 이후에 출산하면 오랫동안 어린이를 양육하기 어려워진다. 이제는 자신이 직접 출산을 하기보다는 손자녀를 양육하는 것이 훨씬 더 효율적이다. 그렇기 때문에 생식에 필요한 생리를 더 이상 유지할 필요가 없다. 당연히 '폐경'

을 하게 된다. 오랜 진화의 과정 속에서 소위 '몸의 지혜'를 터득한 것이다. 불필요한 곳에는 더 이상 에너지를 낭비할 필요가 없다.

남자는 여자만큼 뚜렷한 생리적 변화가 오지는 않지만 서서히 신체적인 활력이 떨어지고 운동력이 감소한다. 특히 자손을 낳는데 필요했던 성적 에너지가 감소한다. 즉, 정력이 감퇴한다. 또한 지금까지 어린 자식을 양육하고 가족을 지키는 역할을 잘 수행하기 위해 사용되었던 막대한 신체적 에너지, 즉 체력이 점차 줄어들면서 신체 활동량이 줄어든다.

중년기에는 심리적으로도 많은 변화가 일어난다. 그중에서도 두드러지는 것은 '남성의 여성화'와 '여성의 남성화'이다. 남성은 여성적인 면이 점점 더 많이 더 나타나는 반면 여성은 점점 남성적이 되어간다. 즉, 젊었을 때는 '수줍던 아내'가 중년이 되면서 '무서운 호랑이'로 변하는 것이다. 반면에 젊어서는 모든 면에서 자신만만하고 활동적이던 남자는 '무서운 호랑이'에서 중년이 되면서 정서적이고 소극적인 '수줍은 처녀'같은 모습을 보이게 된다. 이렇게 중년은 삶의 '대역전'이 일어나는 시기인 것이다.

이런 변화가 일어나는 이유 중의 하나는 부모의 역할과 관련이 있다. 살면서 제일 중요한 일은 부모가 되는 일이다. 즉, 자녀를 출산하고 양육하여 대를 잇는 것이다. 어린이에서 어른으로의 변화가 근본적으로 생식과 관련이 있다는 것은 이미 말했다. 또한 어른이 되기 위해서는 심리적으로는 남자는 아버지의 역할을, 여자는 어머니의 역할을 잘 할 수 있도록 발달해야 한다.

　전통적으로 남성의 역할은 외부의 적으로부터 가족을 지키고, 밖에서 먹을 것을 마련해오는 것이었다. 그 역할을 잘 해내기 위해 남성은 경쟁적이고 투쟁적이며 자기주장도 강해진다. 남성들만 모여 있는 조직에서 겉으로는 서로 친한 것 같지만 내면적으로는 서로 경쟁하고 대립하거나 전투적이 되는 이유가 여기에 있다. 남성에게 있어서 다른 남성은 자신의 가정을 침입하고 아내와 자녀를 약탈하려는 '잠재적 적'이기 때문이다.

　반면에 여성은 가정에서 살림을 하고 자녀를 출산하고 양육하는 것이 제일 중요한 역할이었다. 가정의 평화를 유지해야 하므로 어렸을 때부터 정서적이고 협조적이며 타협적이 되도록 교육받게 된다. 말을 못하는 갓난아이를 양육하면서 감정적 표현에 더욱 민감해지고, 공격적이게 되기보다는 용서하고 돌보는 성향이 더욱 강해진다.

　또 실제로 부모의 역할을 수행하는 과정에서 남자들은 자신의 여성적인 면을 억압하고 남성적인 면을 내세우도록 교육받는다. 반면에 여자들은 여성적인 면을 더 드러내고 남성적인 면은 억압하고 살아가게 된다. 하지만 중년이 되면 자녀들은 독립적으로 살아가기 위해 부모의 품을 떠나게 된다. 이제는 삶에서 부모의 역할이 가장 중요한 것이 아니라, 한 인간으로서 자신의 모든 잠재력이 잘 실현되도록 사는 것이 더 중요한 과제가 된다. 따라서 중년에는 지금까지 하고 싶었지만 못했던 일들을 하고 싶은 열망이 강해진다.

즉 우리의 삶의 여정은 남녀가 비슷하게 태어났다가, 청소년기를 거치면서 각각의 성역할에 맞게 분화되어 그 차이가 절정에 이르게 된다. 그러다가 중년기를 거치면서 더 이상 분화된 역할을 유지할 필요가 없어지게 됨에 따라 다시 비슷한 모습으로 변화한다. 다르게 말하면, 중년에는 다시 양성화가 되는 것이다.

중년은 지금까지 하고 싶었지만 하지 못했던 것을 비로소 할 수 있는 시기이다. 소설가 고 박완서는 1950년 작가가 되려고 국문과에 입학하지만 한국전쟁이 터지는 바람에 제대로 대학 교육을 받지 못한 채 1953년 결혼하였다. 그리고 곧이어 태어난 1남 4녀의 자녀들을 키우느라 소설을 쓰지 못했다. 하지만 중년의 나이인 40세 때 장편소설 《나목》으로 등단하여 "중년 여성의 섬세하고도 현실적인 감각"으로 주옥같은 작품들을 잇달아 발표하며 한국 문학사에 우뚝 솟은 높은 봉우리로 존경받고 있다.

주어진 임무를 성실히 수행한 한 공무원은 중년에 이르러 어릴 때부터 하고 싶었던 그림을 그리기 위해 퇴근 후에는 미술학원에 다니고 있다. 자녀 양육과 남편 내조에 힘쓰며 살아온 한 가정주부는 오랫동안 혼자 마음속에 품어온 꿈을 실현하기 위해 40대 후반에 대학에서 사회복지학을 전공하며 만학도의 길을 즐겁게 가고 있다. 조금만 관심을 가지고 주위를 둘러보면 이런 예를 쉽게 찾을 수 있다.

청소년기를 '사춘기思春期'라고 한다면, 중년기는 '사추기思秋期'라고 할 수 있다. 그만큼 공통점이 많다. 두 시기 다 생각思이 많은 시기이고, 급격한 변화가 일어나기 때문에 당연한 일이다. 하지만 그만큼 새로운 삶을 살 수 있는 기회가 온다는 뜻이기도 하다.

사별과 재혼

50대의 중년인 A는 자신의 마음을 도저히 이해할 수 없다고 상담 시간에 호소했다. 그는 20대 후반에 열렬한 연애 끝에 첫 번째 아내와 결혼했다. 연애만큼이나 행복한 결혼생활을 했고, 슬하에 아들과 딸을 하나씩 두고 잘 살았다. 아내와도 주변에서 부러워할 만큼 금슬이 좋았다. 그러던 어느 날 갑자기 배가 아프다고 며칠 전부터 고통을 호소하던 부인과 병원을 찾았던 그는 청천벽력과 같은 소식을 들었다. 정밀검사 결과 부인은 간암 말기였다. 도저히 믿을 수 없던 A는 여러 병원을 찾아가 다시 정밀검사를 받도록 했지만 결과는 같았다.

극진히 아내를 간호했지만 그의 지극정성에도 불구하고 부인은 결국 진단을 받은 지 6개월 만에 세상을 떠났다. 그는 자신의 슬픔을 표현한 겨를도 없이 충격에 빠진 사춘기 아들과 딸을 돌보며 보냈다. 하지만 그는 이상하게도 아내가 떠났다기보다 아직도 옆에 있는 것 같은 느낌을 받았다. 그래서 홀로 자녀를 키우며 살아가는 생활이 별로 외롭다거나 힘들다는 생각은 들지 않았다. 보이지는 않지만 아내가 항상 옆에 있는 것과 같은 느낌으로 살았다.

사별한 지 4년여가 지나자 주위에서 재혼을 권했다. 어머니를 여읜 초기에는 혹시 아버지가 재혼을 하지 않을까 눈치를 보던 자녀들도 몇 년이 지나고 성인이 되자 혼자 사는 아버지를 걱정하며 조심스럽게 아버지의 재혼을 거론하기 시작했다. 친척은 물론이고 지인들도 좋은 여성들을 소개해주면서 "이제는 사별한 전처를 잊고 새 삶을 찾으라"고 강권하기 시작했다.

그러던 중 우연한 기회에 아내와 모습과 느낌이 매우 비슷한 여성을 만나게 되었다. 자연스럽게 몇 번 만난 후에 이상하게도 재혼해야겠다는 생각을 하게 되었다. 사별한 아내의 모습과 느낌이 비슷하니 잘 살 수 있을 것 같은 생각이 들었다. 자녀들도 그 여성을 만나보고는 이구동성으로 어머니와 비슷해서 잘 사실 수 있을 것이라고 적극 권하였다. 결국 그는 사별한 지 4년 만에 재혼했다.

A도 마음에 드는 여성과 재혼을 해서 기뻤다. 젊어서 만나 뜨겁게 사랑을 나누던 초혼의 시절을 되풀이할 수는 없어도, 새로운 여성과 시작하는 신혼의 미래를 꿈꾸며 초기에는 행복했다. 하지만 얼마 지나지 않아 부인과 다정하게 지내는 자신의 모습이 싫어지기 시작했고, 부인을 멀리하기 시작했다. 피곤하다는 이유로 부

인과의 부부생활도 뜸해지더니 마침내 각방을 쓰기 시작했다. 부인과 한 침대에서 자는 것보다 차라리 다른 방에서 혼자 자는 것이 훨씬 더 편했다.

처음에는 피곤해서 그러려니 하던 부인도 이상한 낌새를 느꼈는지 불만을 표시하기 시작했다. 그 불만의 핵심은 그가 자신을 부인으로 인정하지 않는 느낌이 든다는 것이었다. A는 처음에는 오해라고 해명했지만 부인이 드는 몇 가지 사례를 통해서 자신도 스스로가 이상하다는 것을 인정하게 되었다. 예를 들면, 최근에는 부부동반 모임에 함께 참석한 적이 거의 없다. 대개의 경우 부부동반을 해야 하는 모임에는 나가지 않았다. 그리고 어쩔 수 없이 참석해야 하는 경우에는 혼자 가면서 '부인이 아프다' '부인이 다른 일정이 있다'는 등의 구실을 댔다. 그리고 자신이 그렇게 행동한다는 사실조차 모르고 있었다는 것을 깨달았다. 또 자녀들과 함께하는 모임도 가능하면 피했다. 자녀들이 여비를 모아 여행을 가라고 권해도 바쁜 일이 있다는 핑계로 거절하곤 했다는 사실도 깨달았다.

상담 초기에 그는 결코 전처를 잊지 못하고 그리워해서 현재의 결혼생활에 지장을 받는 것이 아니라고 단언했다. 재혼한 이후로는 오히려 전처의 생일까지 기억이 나지 않아, 며칠이 지나서야 그 사실을 깨닫고 오히려 전처와 자녀들에게 미안한 마음이 들 정도였단다. 하지만 왜 특별한 불만도 없으면서 좋아하는 부인과 마음이 하나인 것처럼 느껴지지 않는지 아무리 생각해도 알 수가 없었다.

상담이 진행되면서 A는 처음에는 의식하지 못했던 자신의 깊은 속마음을 깨닫기 시작했다. A는 아직 심리적으로 전처와 이별을 하지 못했던 것이다. 그렇기 때문에 전처와의 결혼생활이 아직도 진행되는 것처럼 느끼기를 원했다. 전처와 비슷한 느낌의 여성과 재혼한 것도 결국 전처와의 결혼생활이 계속된다는 착각을 이어가기 위한 것이었다. 그러니 재혼한 부인과 친밀하게 지내는 것이 아직도 마음속으로 이별하지 못한 전처를 배반한다는 죄책감을 불러일으킨 것이었다. 더군다나 재혼한 부인과 부부관계를 맺는다는 것은 더할 수 없는 배반을 의미하는 것이었다. 부부동반 모임을 피하는 것도 그런 이유에서였다는 것을 깨달았다.

A에게 전처의 사진을 보며 그녀가 뭐라고 말할지 물어보았다. 한동안 말없이 사진을 쳐다보던 A는 "더 이상 나를 생각하지 말고 지금 부인과 행복하게 살아라. 당신의 마음을 아니 섭섭하지 않다"고 말하는 것 같다며 눈물을 흘렸다. 홀로 전처의 묘를 찾아간 A는 눈물을 흘리며 이제는 이별해야 하는 자신의 미안한 마음을 진솔하게 전했다. 그리고 지금부터는 재혼한 부인과 즐겁게 살고 싶다는 생각과, 비록 재혼을 해서 살지만 전처를 잊은 것은 아니고, 아직도 보고 싶고 그립다는 마음도 전했다. 그러고 나자 놀랍게도 큰 숙제를 푼 것처럼 홀가분한 마음이 들었다. 집으로 돌아온 그는 부인에게 상담을 통해 자신이 깨달은 속마음과 전처의 묘에서 고백했던 것까지 솔직하게 전했다.

지금까지 남편의 속마음을 몰라 속상해하던 부인은 남편의 진솔한 고백을 듣고 오해가 풀렸다. 오히려 전처를 쉽게 떠나보내지 못하고 혼자 힘들어하던 남편의 모습이 측은하고 믿음직스럽기까지 했다. 그리고 남편을 위로하면서, 전처를 완전히 잊는 것이 자신이 바라는 것이 아니라는 마음도 전했다. 그 후 두 사람의 결혼생활이 즐겁게 변했음은 물론이다.

재혼한 부부들과 상담하다 보면 특별한 이유 없이도 데면데면하게 살아가는 경우가 있다. 그러면서 자신들도 그 이유를 잘 모르는 경우가 많다. 이럴 때 의식적으로 납득할 만한 이유가 없다면 자신의 속마음을 정확히 알아보아야 한다. 그리고 그 속마음 중에는 재혼하여 행복하게 살아가는 것에 대해 죄책감을 느끼는 경우가 종종 있다.

사별이든 이혼이든 홀로 되었다가 재혼하는 것은 쉽지 않은 일이다. 그리고 행복한 재혼 생활을 하기 위한 첫 번째 과제는 이전의 결혼과 배우자로부터 심리적으로 완전히 이별하는 것이다. 심리적 이별이 무조건 잊는 것을 의미하는 것은 아니다. 이전의 결혼생활에 대한 기억을 간직하면서도 현재의 생활에 지장을 주지 않는다는 것을 의미한다.

노부모의 사랑

40대 중년의 남자가 대화 도중 오래 망설이다가 몹시 쑥스러운 표정을 지으며 고민을 털어놓았다. 그는 어머니를 여읜 지 20년이 지났으며, 아버지는 이제 70대 초반이 되었다고 했다. 그런데 어머니와 사별 후 그동안 혼자 살면서 어려움을 내색하지 않고 가족을 위해 헌신했던 아버지에게 최근에 여자친구가 생겼다는 것이다. 은퇴 후 하루하루를 무료하게 지내던 아버지는 부쩍 얼굴에 생기가 돌고 멋을 부리기 시작했다. 저녁 늦게까지 귀가하지 않는 일도 잦아졌다. 뭔가 이상하다는 낌새를 차린 그가 아버지에게 물으니, 처음에는 말하는 것을 별로 내키지 않아 하던 아버지가 최근에 한 단체에서 60대 중반의 할머니를 만났다고 고백했다는 것이다.

처음에는 무료함과 외로움을 달래기 위해 같이 식사를 하거나 영화를 보는 정도였다. 하지만 만나는 횟수가 늘어나면서 오랫동안 억눌러왔던 이성에 대한 그리움이 싹트기 시작했고, 이삼일 못 보면 보고 싶어 잠이 안 올 정도가 되었다. 그리고 이제는 같이 살고 싶은 마음까지 든다고 솔직히 말하면서 슬쩍 아들의 눈치를 살피기까지 했다. 그 이야기를 들은 그는 처음에는 어처구니없다는 생각에 대수롭지 않게 여겼다고 한다. 하지만 그 고백 이후 아버지가 이제는 대놓고 데이트를 할 뿐만 아니라 며칠 전에는 외박까지 했다면서, 지금 너무 속이 상해 일이 손에 잡히지 않는다고 말했다. 그리고 머리를 절레절레 흔들면서 "아버지가 아무래도 노망이 들었나 봅니다. 그렇지 않고서야 어떻게 그 나이에 여자를 만나고 외박까지 할 수 있어요?"라는 것이었다.

노부모가 이성 친구를 사귀는 것에 대한 부정적 감정은 홀로 된 어머니를 둔 아들의 경우 더욱 심하다. 한 중년 남자는 "어떻게 어머니가 자식에게 이럴 수가 있느냐?"며 황당함을 넘어 분노를 표시하기도 한다. 마치 어머니가 남자친구를 사귀는 것이 자식을 무시하는 처사라도 되는 듯이 황당하다며 말한다. 상담을 하러 와서 "조금도 부족할 것 없이 지성으로 모셨는데, 돌아가신 아버지를 생각해서도 이렇게는 못 하는 것 아닌가요?"라고 나에게 화풀이를 하기도 한다. 홀로 된 어머니가 남자 친구를 사귀는 것이 마치 크나큰 잘못이라도 되는 것처럼 흥분한다.

홀로 된 노부모를 모시는 중년의 자녀들에게서 이성을 찾는 부모 때문에 당황스럽다는 이야기를 심심치 않게 들을 수 있다. 이들은 한결같이 '그 나이에 있을 수 없는 일'이라고 단정하며 황당하다는 듯이 말한다. 하지만 '열 효자가 악처 하나만 못하다'라는 속담도 있다. 겉보기에는 효자가 아무리 잘 해주는 것 같아도, 남편의 가려운 곳을 더 잘 알고 긁어주는 것은 악독한 처가 더 낫다는 말이다.

이제는 나이가 들어도 성욕이 있다는 것은 상식이다. 2002년 말에 개봉되어 큰 반향을 일으킨 영화 〈죽어도 좋아〉는 70세를 넘긴 노인들의 성생활을 다룬 실화이다. 각자의 배우자와 사별하고 외롭게 생활하던 박치규 할아버지는 공원에서 이순례 할머니를 만난다. 두 노인은 마치 운명처럼 서로 첫눈에 반해 뜨거운 사랑을 한다. 그랬더니 이미 포기한 섹스도 가능하게 되었다. 그 사랑이 얼마나 뜨겁고 절실했는지는 "이젠 죽어도 좋아"라는 대사 한 마디에 다 농축되어 있다. 이 영화는 제7회 부산국제영화제에서 국제영화평론가 협회상과 PSB 영화상을 수상할 정도로 호평을 받았다.

보건복지부에서 전국의 65세 이상 남녀 500명을 대상으로 성생활 실태를 조사한 결과 응답자의 66.2퍼센트가 '성생활을 하고 있다'고 밝혔다. 또 다른 조사에 의하면 66~70세 노년층의 62퍼센트가 월 1회 이상 부부관계를 갖는 것으로 집계됐다. 이 조사는 배우자가 있는 노인들을 대상으로 실시한 것이다. 그러나 배우자가 없는 노인이라고 해서 성욕이 사라진 것은 아닐 것이다. 여건이 허락하지 않아 억제하고 있을 뿐이라고 봐야 한다.

간혹 젊은이들 중에는 노인이 되면 성욕 자체가 사라질 것이라고 생각하는 사람도 있다. 하지만 전문가들에 의하면 70~80대 노인도 마음만 있으면 얼마든지 건강한 성생활을 즐길 수 있다. 나이가 들면 성욕을 느끼거나 성교를 하는 횟수가 젊은 시절에 비해 줄기는 하지만, 특별한 질병이 있는 경우가 아니라면, 노인도 죽는 날까지 성관계를 맺을 수 있다.

건강한 성생활은 건강에 도움이 되는 것은 물론, 노인들의 사회생활을 왕성하게 하는 원동력이 되기도 한다. 노인의 성생활은 치매의 위험을 줄이는 데에도 큰 도움이 된다. 또한 스킨십 과정에서 상대에 대한 친밀감이 높아지며 고독감이 완화되는 효과가 있다. 성관계를 맺는 것이 신체적 건강에도 도움을 준다는 것은 이미 입증됐다.

이처럼 신체적 건강뿐만 아니라 마음의 건강에까지 유익하다면 부모를 사랑하고 오랫동안 건강하게 사시기를 바라는 자녀는 당연히 홀로 된 노부모에게 이성 친구를 사귀고 성적 욕구를 건전하게 해결할 수 있도록 권해야 한다. 하지만 중년의 자녀들은 오히려 부모를 적극적으로 말리거나 훼방을 놓기까지 한다. 그렇다면 중년의 자녀들은 왜 노부모들의 이성 교제나 더 나아가 성생활에 대해 부정적일까? 이미 살펴본 대로 노년의 성에 대한 지식이나 정보가 부족해서는 아닐 것이다. 요즘에는 대중매체에서도 노년의 성에 대해 제법 자세하게 알려준다. 그리고 아마 대부분의 중년의 자녀들도 자신의 부모가 아니라면 훨씬 객관적인 입장에서 노년의 성에 대해 허용적이고 권장하기까지 할 것이다.

그런데 나의 아버지나 어머니라면 이야기가 달라진다. 심정적으로 자신의 아버지와 어머니가 성관계를 맺는다는 것을 인정하지 않고 상상하기조차 싫어하는 것이다. 자신의 부모만은 성을 생각하거나 원하지 않는 성인聖人처럼 생각한다. 심지어는 부모가 성생활을 한다는 생각을 하는 것만으로도 부모를 모욕하는 것이라고 생각하고 죄책감을 느끼기까지 한다. 유교의 영향이 강한 우리나라에서 아직도 성은 감추어야 할 영역으로 생각하기 때문이다. 비록 중년이 됐어도 자녀는 부모의 성과 관련된 면에서만은 사춘기 이상으로 자라지 않는다.

또 하나 중요한 심리적 요인은 먼저 돌아가신 부모에 대한 죄책감 때문이다. 만약 홀로 된 부모의 이성교제를 인정하면, 죽어서 먼저 세상을 떠나신 부모를 뵐 면목이 없다고 생각하는 것이다. 그 밖에 노인들의 이성교제나 결혼을 어렵게 하는 것에는 경제적인 요인이나 사회적인 요인도 있다. 하지만 가장 핵심적인 어려움은 심리적인 것이다.

이제 중년을 맞은 이들의 부모님은 이미 노년기에 접어들었을 것이다. 나이 드신 부모의 몸과 마음이 모두 건강하기를 원한다면 부모의 성적 욕구도 건강하고 자연스러운 것으로 받아들이고, 도와야 한다.

고령화사회가 되어갈수록 홀로 된 부모님은 늘어갈 것이고, 홀로 사는 기간은 점점 길어질 것이다. 이제는 더 이상 사춘기 자녀처럼 부모의 성을 금기의 영역으로 남겨두고 맹목적으로 거부하는 단계를 벗어나야 할 시점이다. 지금 중년을 맞은 자신도 조만간 노인이 될 것이고, 인간은 나이에 상관없이 끊임없이 서로 사랑하고 교류해야 하는 사회적 존재이기 때문이다. 노부모의 성과 사랑에 대해서도 열린 자세로 응원하는 것이 현명한 중년의 모습이다.

5장

나를 아끼면
과거도 변한다

심리적 거리는
대화의 질에 달려 있다

2020년 3월 16일 대구에서는 어머니가 혼자 힘겹게 집안일을 하는데 방에서 빈둥빈둥 누워 있는 남동생과 다툼이 격해진 끝에 남동생에게 흉기를 휘두르는 일이 벌어졌다. 타지에서 직장을 다니던 이 여성은 코로나19 사태로 대구의 부모님 집에서 재택근무 중이었다. 이외에도 코로나19로 혼자 육아를 책임지는 것이 답답해 남편에게 바람 쐬러 가자고 했다가 시비가 붙어 폭행까지 당한 뒤 경찰에 신고했다는 사연도 있다. 폭행까지는 아니더라도 코로나19로 인한 '재택 스트레스'가 폭력적인 성향으로 이어지고 있다고 털어놓는 글이 온라인에 줄을 잇고 있다. "둘째를 임신해 만삭인데 코로나 사태로 홀로 가정보육을 3주째 하다 보니 자꾸 아이에게 소리 지르고 화를 내게 된다. 코로나 때문에 내가 미쳐가는 것 같다"고 하소연하는 어머니도 있다.

코로나19 여파로 '사회적 거리두기'가 점차 일상화되어 가고 있다. 그리고 비록 코로나19가 진정되어 다시 예전과 같은 생활로 돌아가더라도 일상생활에서 많은 변화가 있을 것이다. 특히 사회생활에서 큰 변화가 있을 것이다. '일사불란'하게 움직이는 것이 바람직한 조직이라는 인식이 강하기 때문에 잦은 회식을 하거나 활동을 공유하는 것을 당연시했던 분위기가 많이 사라질 것이다. 그리고 재택근무 등 원격으로 활동하는 분야가 확산되어 대면 활동의 빈도가 줄어들고 그 강도도 약해질 것이다.

또한 사회적 거리두기는 가족들과 함께 하는 시간이 늘어나게 만든다. 그동안 부모들은 일과 회식 등 공적인 일로 가족과 함께 할 시간이 적었고, 또 자녀들도 공부 등으로 바빠서 서로 만나고 싶어도 만날 수 없었던 가족들에게는 너무나 다행스러운 일이라고 할 것이다. 이 변화를 통해 가족끼리 많은 시간을 보내고 여행 등 여가 활동을 함께 할 수 있는 물리적인 시간이 많아져 가족관계에 긍정적인 기여를 할 수 있을 것이다.

그러나 함께 지내는 시간이 많아진다고 해서 저절로 가족이 화목해지는 것은 물론 아니다. 오히려 내재된 갈등이 분출되는 역효과를 가져오게 된다. 남동생에게 흉기를 휘두른 누나도 떨어져 있을 때는 게으른 동생의 모습을 그럭저럭 참고 지나갈 수 있었을 것이다. 하지만 한집에서 살며 어머니를 홀대하는 동생을 직접 대하는 시간이 많아지자 그동안 쌓여있던 동생에 대한 불만이 터져

나온 것이다.

'가화만사성'을 가훈으로 정한 가정이 많듯이 가족 간의 강한 결속을 중시하는 우리나라에서는 '소문만복래(웃으면 복이 온다)'를 중요한 가치로 강조한다. 하지만 이상하리만큼 가족끼리 함께 할 유흥거리나 여가를 함께 보내는 것이 익숙하지 못하다. 그리고 가족끼리 대화도 별로 하지 않는다. 물론 부부는 '일심동체'이고, 자식은 '내 속으로 난 자식'이기 때문에 말을 안 해도 서로 잘 안다고 생각하기 때문일 것이다. 하지만 사실은 서로 그 마음을 잘 모르고 지내는 것이 또한 가족이기도 하다.

마음은 몸처럼 볼 수 있는 것이 아니다. 그렇기 때문에 세상에서 제일 알기 어려운 것이 '마음을 나누는 일'이다. 상대방의 표정이나 말투를 통해 어느 정도 그 마음을 짐작할 수는 있다. 하지만 섬세한 마음의 움직임은 표정이나 말투를 통해서는 정확히 알 수 없는 경우가 많다. 또 얼마든지 가면을 쓰고 가식적인 표정을 짓거나 말투를 쓸 수 있다. 그렇기 때문에 가족을 포함한 대인관계에서는 대화를 통한 '마음을 나누는 일'이 중요하다. 엄밀히 말하면 두 사람이 서로 말을 한다고 해서 대화를 하는 것은 아니다. 대화는 형식이 중요한 것이 아니라 그 내용이다. 대화는 '대답할 대對'와 '말할 화話'로 구성된 단어이다. 이 단어의 순서를 잘 음미해보면 대화의 본질이 잘 나타나있다. 말하는 것話 보다 대답하는 것對이 앞에 놓여 있다. 즉, '말하기'보다 '듣기'가 더 중요하다는 의미도 있고,

또 말하기 전에 먼저 대답하는 것이 대화라는 의미도 있다. 대답의 사전적 정의는 '상대가 묻거나 요구하는 것에 대하여 해답이나 제 뜻을 말함'이다. 즉 상대방의 말을 먼저 듣고 상대방이 무엇을 질문하거나 요구하는지를 잘 알아야 정확한 대답을 할 수 있다.

대조적으로, 독백獨白은 '홀로 독獨'과 말하는 사람의 이름 뒤에 붙어 '말씀드리다'는 뜻을 더하는 접미사 '백白'으로 구성되어 있다. 즉 독백은 '자기 혼자 이야기하는 것'이다. 독백에는 말 그대로 상대가 없다. 그냥 혼자 자기의 생각과 감정을 일방적으로 쏟아놓은 것일 뿐이다. 정말로 독백에는 상대방이 '안중'에 없다. 많은 사람들이 대화를 한다고 생각하지만 실제로는 독백을 한다. 일방적으로 자신의 말만 하는 것이다. 이것은 형식적으로는 두 사람이 이야기하는 것처럼 보이지만 실제로는 혼자 이야기하는 것이다.

가족 간에 나누는 말이 대화라기보다는 독백인 경우가 많다. 가족 간의 대화가 일방적인 설명이나 훈계와 같은 독백으로 쉽게 흐르는 데는 우리의 문화도 크게 한몫을 하고 있다. 우리 문화는 '가족 동일체' 의식이 강하다. 가족은 하나이기 때문에 구태여 말로 표현하지 않아도 '그 마음을 서로 다 안다'고 생각한다. 또 그렇게 되어야만 진정으로 화목한 가정이라고 규정한다. 하지만 표현하지 않아도 서로 마음을 알 수 있다고 믿는 것은 환상이다. 단지 그렇게 되었으면 좋겠다는 소망에 불과할 뿐 그런 관계는 존재하지 않는다. 다만 다른 것을 구태여 표현하면 유대를 해치고 그나마 유지되던 분위기가 나빠질까 봐 참고 사는 것일 뿐이다.

대화를 잘 하기 위해서는 두 가지 요인이 갖추어져야 한다. 첫째는 상대가 나와는 다른 독립적인 인격체라는 것을 인정해야 한다. 독립적인 것을 인정한다는 것은 상대가 나와는 다른 생각이나 감정을 가지고 있다는 것을 인정하는 것이다. 상대가 나와 '하나'라든지 '같다'고 여긴다면 독립을 인정할 수 없다. 그런 인식을 강하게 가지고 있으면 있을수록, 부부간에 서로 다른 생각을 가지고 있다는 것을 깨닫는 순간 더 이상 사랑하지 않는다고 느낄 수 있다. 왜냐하면 '나를 사랑한다면 말하지 않아도 내 마음을 알아주어야 한다'는 '일심동체'의식이 발동하기 때문이다.

자녀와도 마찬가지이다. 가족 동일체 의식이 강한 문화에서는 자녀가 부모와 독립된 인격체라는 것을 인정하기가 쉽지 않다. 만약 자녀가 부모와 독립된 인격체라는 것을 인정하지 않는다면 자녀가 부모와 다른 생각과 감정을 느낀다는 것을 깨닫게 되는 순간 당황하게 된다. 그리고 그 차이를 부모를 무시하는 것이라고 지각하고 억제할 수 없는 울화가 치밀어 오른다. 아니면 부모에 대한 반항으로 받아들이기 쉽다. 그래서 '머리가 더 크기 전에' 버릇을 고쳐주기 위해 지나치게 격한 반응을 보이며 자녀의 생각이나 감정을 틀린 것으로 억누르려 한다.

서로 독립된 인격체라는 것을 인정하는 것만으로는 진정한 대화를 하기 어렵다. 독립된 인격체로 인정하되 서로 대등한 위치에 있다는 것을 인정해야 비로소 진정한 대화가 이루어진다. 독립된 인격체라 해도 주인과 노예의 관계처럼 수직적이면 아랫사람의 말을 들을 필요가 없다. 단지 명령과 복종만이 있을 뿐이다. 위계질서를 강조하는 우리 가족문화에서 대화가 이루어지기 어려운 이유가 여기에 있다. 부모와 자녀는 다른 세대世代이기 때문에 생각과 가치관이 다를 수 있다. 또 달라야 한다. 만약 자녀가 부모와 똑같은 생각을 한다면 어느 가족이나 발전이 없다. 발전은 갈등을 건강하게 해결할 때 주어지는 결과이기 때문이다.

가족은 어느 조직보다 흉허물이 없는 사이이다. 그렇기 때문에 제일 편한 마음을 가질 수 있는 관계이다. 하지만 동시에 가장 상처를 많이 줄 수 있는 관계이기도 하다. 다른 조직과는 달리 일정 기간에는 싫어도 함께 살아야만 하는 관계이기 때문이다. 싫다고 안 볼 수 있는 관계가 아니다. 가정은 그래서 천국이 될 수도 있지만 동시에 지옥이 될 수도 있다. 그리고 가정에서 맛본 천국과 지옥은 가족 외의 다른 관계에도 전이가 된다.

코로나19는 가족들에게 지금까지 늘 부족해서 아쉬웠던 시간을 선물해주었다. 지금까지 가족과 나눈 대화가 진정한 대화였는지 아니면 독백에 불과했는지를 돌아보자. 만약 독백에 불과했다고 판단되면 과감하게 인정하고 노력하자. 코로나19로 뜻밖에 주어진 시간이 보다 행복한 가정생활로 가는 밑거름이 된다면 그나마 큰 보상이 될 수 있다.

사리대화와 심정대화의 차이

요즘 우리 사회가 의사소통이 제대로 되지 않는 '불통'의 사회라고 걱정하는 사람들이 많다. 서로 제일 잘 통해야 하는 가정에서는 부부 사이에 또는 부모와 자녀 사이에 서로 통하지 않아 마음의 문을 닫고 사는, 소위 물리적으로는 함께 사는 가족이지만 심리적으로는 이미 '해체된 가족'이 급격히 늘어간다고 염려하는 목소리가 커지고 있다.

전국의 19~70세 성인을 대상으로 한 한국트라우마스트레스학회KSTSS의 '코로나19 국민 정신건강 실태조사'에 따르면, 응답자의 약 20퍼센트가 중등도 이상의 불안 위험군으로 나타났으며, 약 18퍼센트가 중등도 이상의 우울 위험군으로 확인되었다. 특히 심각한 것은 아동 및 청소년들에게 미치는 심리적 영향으로, 가족, 교우관계, 일상생활에서의 혼란은 청소년의 심리사회적 발달을 저해할 수 있다는 것이다. 또한 스트레스나 심리적 불안 해소를 위해 도움받고 싶은 것이 무엇인지를 묻는 개방형 질문에 대부분의 청소년이 '상담 혹은 이야기를 나눌 수 있는 누군가가 필요하다'고 응답하였다.

얼마 전 청소년 대상의 한 연구조사에서 이 사실을 입증하는 결과가 나왔다. 초록우산어린이재단이 2018년 5월 가정의 달을 맞아 국내 초·중·고교생 571명을 대상으로 조사한 '아동행복생활시간 보고서'에 따르면 청소년들이 하루 평균 가족과 보내는 시간은 단 13분에 불과했다. 가족끼리 대화를 나누거나 같이 보내는 시간이 하루 중 0.9퍼센트밖에 안 되는 반면 학원·숙제 등 학교 밖 공부 시간은 190분, TV·스마트폰 등 각종 미디어 이용 시간은 84분으로 훨씬 많았다. '거의 매일 자녀와 대화하는 부모'의 비율도 53.7퍼센트로 OECD 국가 평균이 70퍼센트인 것과 비교해 한참 낮은 수준으로 밝혀졌다. 통계청이 2009년과 2014년 발표한 '생활시간 조사'에서 초·중·고·대학생의 '가족과 함께하는 생활시간'을 살펴보면 2009년 59분에서 2014년 29분으로 급격하게 줄었다. 이 자료들을 보면, 청소년들이 부모와 대화하는 시간은 날이 갈수록 줄어들고 있다.

또 다른 조사에서 청소년들에게 "어려운 문제가 생겼을 때 부모, 교사, 친구 중에서 누구와 의논하고 싶으냐?"라고 물었다. 그 결과 청소년들은 예상외로 제일 먼저 부모와 의논하고 싶다고 대답했다. 하지만 질문을 바꾸어, "어려운 일이 생겼을 때 지금까지 실제적으로 누구와 의논을 하였는가?"라고 물으면 친구라고 답한 청소년이 제일 많았다. 결국 '하고 싶은 대상'과 '하는 대상'이 서로 다르다는 것이다. 그 이유를 묻자 청소년들은 한결같이 "부모와는 말이 안 통하기 때문이다"라고 답했다. 도대체 가장 친밀해야 하는 가족 간에 "왜 말이 안 통할까?"

한의학에서는 '통즉불통 불통즉통通卽不痛 不通卽痛'이라는 말이 있다. 해석을 하면 "통하면 아프지 않고, 통하지 않으면 아파진다"라는 말이다. 즉, 기氣와 혈血이 원활히 순환되어야만 아프지 않다는 말이다. 물론 한의학에서는 몸의 건강을 설명하면서 이 개념을 사용하지만, 아마도 마음의 건강과 원만한 대인관계의 영역에서도 유용하게 쓰일 수 있을 것이다. 두 사람 사이에 대화가 원활히 이루어지지 않으면, 즉 통하지 않으면 마음도 아프게 된다.

동아시아의 한자 문화권에서는 사람과 사람 사이의 원만한 인간관계를 삶에서 아주 중요시한다. 어떤 면에서는 우리 삶에 가장 큰 영향을 주는 핵심이다. 한자의 사람을 뜻하는 '인人'자가 '두 사람이 서로 등을 맞대고 있는 것'을 형상화한 것으로 미루어보아도 알 수 있다. 영어의 'human man'을 뜻하는 '인간人間'이라는 단어도 '사람과 사람 사이'라는 뜻이다. 사람은 홀로 살아가는 존재가 아니라 항상 다른 사람과 친밀한 관계를 맺으며 살아가는 존재로 보는 문화에서는 당연히 원만한 대인관계를 맺느냐 못 맺느냐가 행복한 삶에 직결되어 있다.

두 사람 사이에 친밀한 인간관계가 이루어지기 위해서는 서로 잘 통해야 한다. 즉, 의사소통이 잘 이루어져야 한다. 의사소통은 주로 '말', 즉 대화를 통해 이루어진다. 물론 우리의 생각과 감정은 비언어적 방법을 통해 전달되기도 한다. 하지만 가장 기본적인 의사소통은 대화를 통해서 이루어진다. 말이 얼마나 중요하면 '말 한 마디에 천 냥 빚을 갚는다'라는 속담이 널리 회자되고 있겠는가?

'가는 말이 고와야 오는 말도 곱다'라는 속담에서도 암시되어 있듯이 대화는 '오고 가는' 것이다. 잘 이루어지는 대화는 마치 숙달된 테니스 선수들이 경기를 할 때 공이 오고 가는 횟수가 길어지고 절묘한 플레이를 펼쳐 관중들을 매료시키듯이, 계속 그치지 않고 말이 오고 가면서 물 흐르듯 대화가 진행되면 두 사람 사이의 관계를 무르익게 한다.

대화를 하는 기본 목적은 그것을 통해 무엇인가를 서로 나누려는 것이다. 대화의 본질은 '듣기'와 '말하기'를 통한 의사소통이다. 상대방과 무엇인가를 나누려면 먼저 나의 의사를 정확히 전달하고(말하기), 동시에 상대방의 의사를 정확히 이해하여야 한다(듣기). 즉 대화를 잘 하려면 듣기와 말하기를 잘 해야 한다. 나의 생각을 상대방이 이해할 수 있도록 잘 전달하는 것, 다시 말하면 말을 잘 하는 것이 다른 사람과 더불어 살아가야 하는 우리들에게는 필수적인 능력이다. 아무리 훌륭한 생각과 좋은 비전을 가지고 있어도 다른 사람에게 설득력 있게 잘 전달하지 못하면 무용지물이 될 것이다. '말하기'를 가르쳐주는 학원이 성행하는 것은 다 이유가 있는 것이다.

대화를 잘 하기 위해 필요한 또 하나의 능력은 상대방의 말을 잘 듣는 것이다. 즉, 상대방의 의도가 무엇인지를 잘 이해하고, 그에 적절한 반응을 할 수 있어야 한다. 아무리 말을 잘 한다고 해도 상대방의 생각이나 의도를 정확히 이해하지 못 한다면 동문서답식의 대화가 이루어져 결국 의사소통이 원활히 이루어지지 않을 것이다.

대화를 통해 무엇을 소통하려고 하는지 그 목적에 따라 대화는 크게 두 가지로 나누어 볼 수 있다. 일상생활에서 우리가 하는 대화의 가장 큰 목적은 '지식'이나 '정보'를 주고받는 것이다. 매일매일 효율적으로 살아가기 위해 우리는 수많은 정보와 지식을 필요로 한다. 하지만 이 필요한 정보와 지식을 다 가지고 있는 사람은 없기 때문에 필요한 정보와 지식을 가지고 있는 사람과 대화를 통해 얻으면서 살아가야 한다. 또 내가 알고 있는 지식이나 정보를 필요한 상대방에게 정확히 알려주어야 한다.

이렇듯 필요한 정보와 지식을 주고받기 위해 하는 대화를 사리대화事理對話라고 한다. 비유적으로 말해 지식과 정보는 머릿속에 있다고 여겨지기 때문에 지식과 정보를 많이 가지고 있는 사람을 속칭 '머리가 좋은' 사람이라고 부른다. 사리대화에서는 주고받는 지식이나 정보가 맞는 것인지 틀린 것인지가 매우 중요하다. 즉 사리에 합당한 지식은 맞는 지식이고 사리에 적당하지 않은 정보는 틀린 것이다.

길을 잘 모르는 약속 장소에 가기 위해 택시를 탄 경우를 생각해 보자. 먼저 택시 기사에게 정확히 어디를 가는지 말해야 한다. 그리고는 약속 시간에 맞춰 갈 수 있는 지 여부를 알기 위해 얼마나 걸리는지를 묻는다. 그러면 당연히 택시 기사는 얼마 정도 걸리는지를 알려줄 것이다. 이 예에서 보듯이, 사리대화에서는 정확히 묻고 답하는 '말하기'가 기본이다.

대화를 통해 소통하는 또 하나의 중요한 요소는 '감정'을 나누는 것이다. 사람은 감정의 동물이기 때문에 자신의 감정을 잘 표현하고, 또한 상대방의 감정을 잘 이해하는 것이 친밀한 인간관계를 맺는 지름길이다. 나의 감정을 잘 헤아려줄 때 우리는 상대방이 나를 잘 이해해준다고 여기며, 상대방에게 고마움을 느끼고 믿음을 가지게 된다. 상대방도 내가 자신의 감정을 잘 받아줄 때 나에게 고마움을 느끼고 더욱 신뢰하게 된다. 이 과정이 되풀이되면, 더욱 더 상대방을 신뢰하게 되고 더 깊은 '속마음'을 털어놓게 된다.

반대로, 상대방이 나의 감정을 알아주지 못하거나 무시할 때 마음이 상하게 되고 더 이상의 대화를 하려는 마음이 없어지게 된다. 이런 상황이 지속되거나 되풀이되면 결국 인간관계는 삭막해지고 친밀한 관계 맺기가 어려워진다. 이처럼 감정을 주고받기 위한 대화를 '심정대화心情對話'라고 부른다. 감정은 '마음'속에 있다고 여겨지기 때문에 심정대화가 잘 이루어지는 관계를 '마음이 통하는' 관계라고 한다.

일반적으로, 모든 대화에는 사리대화의 요소와 심정대화의 요소가 동시에 포함되어 있다. 위의 대화의 예에서, "약속 장소까지 얼마나 걸리느냐?"는 질문에 대해 "약 삼십 분쯤 걸린다"는 대답을 했다면 이는 정보를 알려주는 사리대화가 된다. 하지만 약속 장소까지 걸리는 시간을 묻는 대화에는 '약속 시간에 늦을까 봐 걱정하는' 마음이 깔려 있다. 만약 이 마음에 반응하여 "시간에 늦을까 봐 걱정하는군요"라고 대답했다면 이는 상대방의 감정에 반응하는 것이기 때문에 심정대화가 된다.

심정대화를 잘 하기 위해서는 상대방의 말의 표면에 나타나 있는 내용보다 그 밑에 깔려 있는 감정에 반응해야 한다. 즉, 상대방의 마음의 소리를 잘 들어줘야 한다. 차마 겉으로는 표현하지 못한 속마음까지 상대방이 이해하고 반응해준다면 그 고마움은 말로 표현하기 어렵고 상대방이 너무 믿음직하게 느껴질 것이다. 심정대화에는 '듣기'가 기본이다. 내 마음을 잘 이해해주고 감정을 소중히 여겨주는 사람과 친밀한 관계를 맺게 된다. 내가 필요한 정보를 정확히 알려주는 사람에게 고마움을 느끼는 것은 인지상정이다. 하지만 내가 이미 알고 있는 내용이거나 불필요한 정보를 자꾸 주려고 하면 짜증이 난다.

우리말에 '마음이 통하는 사이'라는 표현은 있어도 '머리가 통하는 사이'라는 용어는 없다. 다시 말하면, 친밀한 인간관계는 '마음'이 통하는 사이이지 '머리'가 통하는 사이가 아니다. 물론 필요한 지식과 정보를 주고받다 보면 친밀한 관계가 될 수도 있다. 이는 그 과정에서 서로 상대방의 배려와 관심을 느껴서 친해지는 것이지 단지 주고받는 지식이나 정보의 양에 의해 친한 관계가 되는 것은 아니다. "다투다가 정들었다"라는 표현에서도 알 수 있듯이 서로 다투는 것도 관심이 있다는 또 다른 표현이기 때문에 정들 수 있는 것이다.

부모와 자식 관계뿐만 아니라 남편과 부인 사이에서도 서로 통하지 않는다고 느끼게 되는 이유는 심정대화를 하지 않기 때문이다. 부인이 남편에게 "당신과는 통하지 않아"라고 불평을 하는 것은 다른 말로 하면 "당신은 내 마음을 몰라준다"는 것이다. 친밀한 관계에서 상대방이 내 마음을 몰라주면 더욱 야속하게 느껴지고 마음속에 불만이 쌓이게 된다. 이 과정이 되풀이되면 결국 그 관계는 소원해지고 대화가 멈추게 된다. "당신(엄마, 아빠)하고 이야기하기보다 차라리 벽 보고 이야기 하는 것이 더 낫다"라는 말이 나오게 되면 그 관계는 이미 더 이상 친밀한 관계가 아니다.

비난, 경멸, 방어,
의사방해가 관계를 망친다

원만치 못한 가족관계 때문에 힘들어하는 사람들이 점점 더 많아진다. 상담실에서 가족 때문에 힘들어하는 사람들을 만날 때마다 느끼는 안타까움은 다른 인간관계 때문에 힘들어하는 사람들을 만날 때보다 더 크다. 이미 남남처럼 살고 있는 자녀들 때문에 힘들어하는 부모, 또는 부모 때문에 고통받는 자녀들의 사연을 듣다 보면 가족이란 과연 무엇인지에 대해 새삼 생각이 깊어진다.

그런데 가족관계의 어려움의 근원을 찾아보면 거의 부부관계로 귀결되곤 한다. 부부는 부부 사이에 갈등이 생기면 그 갈등을 자녀를 통해 해결하려는 마음이 강해지고, 그 결과 자녀에게 집착하는 경우가 종종 생긴다. 반대로 부부간의 갈등이 원인이 되어 배우자의 원가족과 원만한 관계를 맺지 못하는 경우도 많이 있다. 우리 속담에도 '부인이 예쁘면 처갓집 말뚝 보고도 절한다'라는 말도 있다.

성실하게 상담을 받은 결과, 다시 예전처럼 좋았던 관계를 회복하는 부부들도 많다. 하지만 너무 늦게 상담을 받으러 오는 부부들도 적지 않다. 그렇기 때문에 안타깝게도 많은 도움을 줄 수 없는 경우가 종종 있다. 다시 좋은 관계를 맺겠다는 마음이 아니라 마지막 결정을 내리기 전에 "해볼 것은 다 해봤다"라는 명분을 가지기 위해 상담을 청하는 것처럼 느껴질 때도 많다. 이런 경우에는 대개 이미 몇 년, 길게는 몇 십 년 동안 결혼생활에서 많은 상처를 주고받으며 큰 어려움을 겪고, 참을 만큼 참다가 더 이상 참을 수 없게 된 상태에서 상담을 하러 온 경우가 많다. 마음속에는 이미 나름대로 결정을 내리고 있다. 이런 부부들에게는 상담실은 '이혼의 문'을 두드리기 전 단계일 뿐인 경우가 종종 있다.

부부관계와 결혼문제 전문가인 존 가트먼 John Gottman에 의하면, 그가 '파멸의 네 기수騎手'라고 부르는 특정한 행동의 존재 여부와 발생 빈도 및 강도를 통해 관계가 성공할 것인지 실패할 것인지를 알 수 있다. 이 네 가지 기수는 '비난' '경멸' '방어'와 '의사방해'이다.

비난은 상대방의 잘못이나 결점을 책잡아서 나쁘게 말하는 것이다. 불만을 가진 사람은 항상 시선이 상대방과 결점을 향해 있다. 이런 점에서 비난은 불만과는 다르다. 불만은 자신의 마음에 흡족하지 않은 것이다. 즉 불만은 나의 마음의 표현이다. 배우자에게 비가 올 것이라고 알리고 집을 떠났는데도 문을 열어두고 외출하는 바람에 커튼과 방이 젖었다고 가정해보자. 이때 그 사실을 단순히 지적하기보다 "당신은 항상……" "당신은 절대……" 등의 문구를 사용하면서 상대방의 결점에 대해 장황하게 이야기하는 것이다.

'경멸'은 상대방의 말이나 생각에 대해 성격의 결점까지 지적하면서 무시하거나 모욕하거나 조롱하는 말이나 행동을 하는 것이다. 부부간에 서로 경멸하는 것은 단순한 힘겨루기나 조종하려는 것이 아니다. 경멸은 서로 사랑하거나 돌보아야 할 사람에 대해 전혀 존중하지 않는다는 것을 의미하는 것이다. 이는 결혼의 핵심 감정에 위배되는 것이다. 상대방만이 아니라 그의 원가족들까지 거론하면서 경멸하면 그 여파는 걷잡을 수 없게 커지게 된다. 이들은 주로 "당신 부모(형제)도 다 마찬가지야" 등의 말을 자주 한다. 자신에게 행해지는 경멸은 참을 수 있는 사람도 가족까지 무시를 당하는 경우에는 참을 수 없게 된다.

'방어'는 상대편의 공격을 막는 것이다. 즉, 상대방의 말이나 행동이 자신을 공격하는 것이라고 지각한다. 그렇기 때문에 자신을 지키는 다양한 책략을 사용한다. 그중에서도 가장 대표적인 것이 회피하는 것이다. 부부간에 문제가 있으면 그 문제를 공개적으로 꺼내서 서로의 의견과 감정을 주고받아야 오해도 풀리고 해결방안을 찾을 수 있다. 하지만 방어를 많이 사용하는 사람은 공개적으로 의사를 표현하는 것 자체를 두려워하고 문제에 직면하는 것을 피한다. 대개의 경우 이 세 가지 기수, 즉 비난, 경멸 그리고 방어는 함께 나타나는 경향이 있다.

    마지막으로 '의사방해'가 있는데, 이는 네 가지 중에 제일 해로운 것으로 입을 다물고 말을 하지 않거나 기회 자체를 만들지 않는 것이다. 의사방해는 일반적으로 대화와 의사소통의 끝을 의미한다. 다시 말하면 더 이상 대화를 하지 않겠다는 강한 의사를 전달하는 것이다. 의사방해를 하는 사람은 대개 남성인데, 팔짱을 끼거나 치사하지만 어쩔 수 없다는 듯 대답한다거나 차갑게 응시하면서 잘난 체하듯이 무시하면서 이야기를 한다. 이것은 감정적인 교류를 차단하는 것이기 때문에 상대로부터 격한 감정적인 반응을 이끌어낸다.

    모든 결혼생활에는 크고 작은 문제가 있기 마련이다. 서로 성장 배경이 다른 두 남녀가 만나 서로 다른 생각과 감정을 나누고 조화를 이루며 살다 보면 당연히 갈등이 생기기 마련이다. 그래서 문제를 없애려고 노력하기보다는 타협하고 이해하는 방법을 익히는 것이 더 현실적이다.

    결혼관계를 해치는 네 기수가 자주 나타나면 나타날수록 관계는 점점 더 어려워진다. 그리고 문제가 있는 모든 관계에는 불행하게도 다시 되돌아갈 수 없는 지점이 있다. 그러나 안타깝게도 이 지점은 뒤돌아볼 때야 비로소 보인다. 그렇기 때문에 현재의 관계가 마치 늪에 빠진 것처럼 더욱 더 깊이 빠지는 느낌이 들고 자신들의 노력으로 해결될 수 없다고 느껴지면 빨리 전문가와 상담하는 것이 제일 좋은 방법이다. 빠르면 빠를수록 좋다. 부부관계의 복원도 다른 관계들과 마찬가지로 적절한 시간에 도움을 받는 것이 핵심이다.

상담은 서로의 잘못을 들추어내는 것이 아니라, 자신의 모습을 거울을 보듯이 객관적으로 볼 수 있는 기회를 제공해준다. 그리고 자신의 말이나 행동으로 상대방이 얼마나 아픔과 고통을 느끼는지를 깨달을 수 있는 기회를 갖도록 돕는다. 노력하면 원래의 즐거웠던 관계로 돌아갈 수 있다는 희망을 잃지 않도록 도와주는 것이다. 그러니 상담에 대한 막연한 거부감이나 부담을 가지지 말고, 문제를 해결하기 위해 적극적으로 고려하는 것이 반드시 필요하다.

성숙한 부모가
스위트 홈을 만든다

즐거운 곳에서는 날 오라 하여도

내 쉴 곳은 작은 집 내 집뿐이리

내 나라 내 기쁨 길이 쉴 곳도

꽃피고 새 우는 집 내 집뿐이리

오 사랑 나의 집

즐거운 나의 벗 내 집뿐이리

초등학교 음악시간에 뜻도 제대로 모르면서 불렀던 노래의 가사이다. "홈, 홈, 홈, 스위트 홈 Home, home, sweet home!"이라는 말도 영어를 배우기 시작할 때부터 귀에 못이 박일 정도로 들었던 문장이다. 하지만 나이가 들어가면서 "정말 집은 즐거운 곳일까?"하는 의문이 들기 시작한다. 뉴스에 보도되는 수많은 끔찍한 사건들을 보면 정말 가정이 즐거운 곳인지 회의가 들기도 한다. 몇 년 전에는 22세의 젊은 엄마가 술에 취해 집에 들어와 세 자녀가 자는 방에서 담배를 피우다가 불이 나, 아직 세상을 제대로 살아보지도 못한 어린 세 자녀가 목숨을 잃는 사건이 있었다. 그 와중에 아버지는 PC방에서 게임을 하고 있었다니 말문이 막힌다.

최근에 발생한 또 다른 사건을 보아도 가슴이 아프다. 다섯 살짜리 어린 소녀의 죽음에 대해 경찰은 "밟히고 맞다가 끝났다"고 정리했다. 더구나 이 어린 소녀를 '밟고 때리고 죽인' 당사자들이 바로 다름 아닌 친아버지, 내연녀, 그리고 내연녀의 어머니라니! 이들은 갑상선 기능 저하증을 앓고 있던 어린 딸의 발목과 등을 발로 수차례 밟아 거동하기 힘들 정도로 상처를 입히고 사망케 한 것으로 알려졌다.

사실 가정이 화목한 곳이라는 '믿음'은 거의 환상에 가까운 것이다. 우리 삶을 가장 행복하게 만드는 것도 가정이지만 동시에 가장 불행하게 만드는 것도 또한 가정이다. 그렇다면 막연히 '스위트홈 sweet home'이라는 구호를 외치기보다는 가정이 불행하게 되는 이유와 그것을 뛰어넘어 행복하게 만드는 방법을 가르치는 것이 더 시급하다.

우리는 가정이 '사랑'을 바탕으로 맺어진 조직이라고 생각하길 좋아한다. 물론 젊은 시절 연애를 해본 사람은 이 감정을 잘 이해할 수 있다. 사랑한다는 것을 제일 간단하게 확인할 수 있는 기준은 '함께 있고 싶다'는 것이다. 그리고 '이처럼 헤어지기 싫고 같이 있으면 즐거운 사람과 매일 함께한다면 얼마나 행복할까?' 하는 환상을 가지고 결혼한다. "눈에 콩깍지가 씌어 결혼했다"라는 말이 회자되듯이, 열렬히 사랑할 때는 상대방의 단점이 눈에 보이지 않는다. 좋은 점은 크게 보이고 나쁜 점은 작게 보이기 때문에 영원히 행복할 것 같은 즐거운 상상을 하게 된다.

하지만 사랑으로 시작한 결혼이 불행으로 끝나는 이유는 무엇일까? 그것은 사랑하는 것만으로는 부족하기 때문이다. 사랑을 하되 그 사랑이 건강한 사랑이어야 한다. 건강한 사랑을 토대로 하는 가정만이 '스위트 홈sweet home'이 될 수 있다.

몸이 계속 성장하기 위해서는 에너지가 필요하기 때문에 우리는 음식을 통해 성장에 필요한 영양분을 계속 섭취한다. 하지만 음식이 아무리 중요하다고 해도 상하거나 독이 있는 음식을 먹으면 안 된다. 상한 음식은 몸을 병들게 하고, 심지어는 목숨을 앗아가기도 한다. 따라서 음식을 먹기 전에 상했는지, 혹은 독이 있는지 살피는 것이 필요하다.

사랑에는 두 가지가 있다. 하나는 사랑하는 사람과 사랑받는 사람 모두를 성숙하게 하고 행복하게 해주는 '건강한' 사랑이다. 또 하나는 관계를 맺고 있는 사람들을 지치게 하고, 답답하게 하고, 결국에는 헤어지게 만드는 '상한' 사랑이다.

사랑이 중요하면 할수록 우리는 건강한 사랑을 주고받아야 한다. 상한 사랑은 차라리 안 하느니만 못하다. 상한 음식과 마찬가지로 상한 사랑은 사람을 병들게 하고, 심지어는 죽이기까지 하기 때문이다. 따라서 사랑을 주고받을 때 과연 그 사랑이 상한 것인지 건강한 것인지 살펴볼 지혜가 필요하다.

잘 알려진 심리학자 에리히 프롬 Erich Fromm 은 "사랑은 각자의 개성과 독특성이 유지되면서 하나가 되는 것"이라고 정의했다. 상한 사랑은 먼저 상대방을 지배支配하려는 욕망으로 나타난다. 많은 사람들이 사랑하는 것과 지배하는 것의 차이를 구별하지 못하고 상대방을 지배하려는 상한 사랑을 주고받으면서도 자신들은 진정한 사랑을 한다고 믿는다. 그리고 상대방을 지배하려는 것도 사랑하기 때문이라며 정당화하려 한다. 하지만 사랑과 지배는 엄연히 다른 것이다.

지배는 상대방이 나와 다른 사람이라는 것을 인정하지 못하고 내 뜻대로 행동하는 '꼭두각시'로 만들려고 하는 것이다. 배우자라 해도 상대방을 자신이 원하는 모습으로 생활하도록 강요한다면 이것은 상한 사랑이다. 상대를 위하기보다는 내가 만족하기 위해 상대를 지배하는 것이기 때문이다. 자녀도 마찬가지이다. 부모가 자신이 원하는 대로 자녀가 살도록 강요한다면 이것은 사랑이 아니라 지배이다. 당연히 상한 사랑을 주는 것이고, 이런 사랑을 지속적으로 받으면 자녀는 마음속으로 병들게 된다.

상한 사랑은 또한 '소유所有'하려는 욕망으로 나타난다. 소유한다는 것은 다른 사람과의 관계를 단절하고 자신만을 바라보는 '해바라기'가 되기를 강요하는 것이다. 아무리 몸에 좋은 음식도 편식하지 않고 골고루 섭취해야 하듯이, 건강하게 발달하기 위해서는 부모, 형제, 교사, 친구, 직장동료와 이웃에 이르기까지 다양한 대상들과 친밀한 관계를 맺어야 한다. 관계가 어느 한 대상에게만 고착되면 그것은 병든 사랑이다.

사랑에는 지배와 소유의 속성이 어느 정도 있는 것이 사실이다. 사랑은 "우리가 남이가? 우리는 하나다"라는 마음을 바탕으로 하기 때문이다. 가족이나 연인들이 같은 옷을 입는 '커플룩'을 좋아하는 것도 그런 마음에서이다. 둘만 같이 있고 싶은 마음이 없다면 사랑이 아니다. 하지만 '군자화이부동 소인동이불화君子和而不同 小人同而不和'라는 말도 있듯이, 사랑의 이름으로 폭력이 미화되거나 정당화되어서는 안 된다.

폭력은 자기와 다름을 인정하지 못하는 미성숙에서 나온다. 그리고 성숙과 미성숙의 차이는 '나'와 '너'의 관계에서 누구에게 더 중점을 두는지에 달려 있다. 나보다 너를 더 중요시하는 것이 성숙이다. 상대방의 다름을 인정하고 오히려 그 차이를 개성으로 인정하고 격려해주는 것이 건강한 사랑이다.

가족은 심리적으로 건강한 부모가 아직 미성숙한 자녀를 돌보는 곳이다. 어리고 미성숙한 자녀들은 성숙한 부모와의 관계를 통해서, 그리고 부모의 삶의 모습을 모방하면서 성숙해간다. 만약 부모 자신이 미성숙하다면 가정이 '즐거운 곳'이 되기는 어렵다. 또 미성숙한 부모가 꾸리는 가정은 '쉴 수 있는 작은 곳'이 될 수 없다. 부모부터 먼저 성숙해져야 한다.

중년에 부모와 사이가
나빠지는 이유

　중년기에 접어든 이들과 이야기하다 보면 의외로 노인이 되어 가는 부모와 사이가 좋지 않다는 경우가 많다. 부모와 함께 있으면 자신도 어쩔 수 없이 쉽게 역정이 난다는 것이다. 물론 자신도 이런 행동이 옳지 않은 것을 알고 있기에 곧 후회를 하곤 한다. 하지만 또다시 부모님과 만나게 되면 욱하는 감정을 누르지 못하고 화를 내곤 한다는 것이다.

　최근에 만난 한 중년 남성도 이런 고민을 이야기하면서 명절에 시골에 계신 부모님을 뵈러 가는 게 큰 걱정이라고 하소연했다. 그는 특히 연로하신 아버지에게 왜 그렇게 화가 나는지 모르겠다며, 함께 간 자식들이 자신을 보고 닮을까 봐 걱정이 된다고도 하였다. 그는 아버지와 사사건건 부딪힌다면서, 아버지가 '콩'이라고 하면 자기도 모르게 '팥'이라고 하고, 아버지가 '팥'이라고 하면

'콩'이라고 우기다가 결국 "아무것도 모르시면 좀 가만히 계시라"고 큰 소리를 내곤 한다는 것이다.

그런 그가 어렸을 때는 동네에서 소문난 효자였다. 한 번도 아버지의 말에 토를 달지 않았고, 무조건 복종했다. 그는 원래 그림 그리는 것을 좋아해서 내심 미대에 진학했으면 좋겠다고 생각했지만, 당시에 아버지가 전자 계통의 공부를 하는 것이 유망하니 그쪽으로 공부하라고 해서 자신의 생각은 입 밖에 내지도 못하고 전자공학 계통의 공부를 했다. 지금 전자 계통의 회사를 다니고 있는 이유도 대학에서 전자공학을 전공했기 때문이다. 하지만 지금도 미술을 전공하지 않은 것에 대해 미련이 남아 있었다.

또 남편을 도저히 이해할 수 없다고 하소연하는 부인이 있었다. 그녀의 남편은 시부모에게 겉으로는 잘한다고 했다. 하지만 아무리 생각해도 남편이 부모님을 사랑한다는 느낌이 들지 않는다는 것이었다. 사랑까지는 아니더라도 긍정적인 감정이 있는지조차 의심스러울 만큼, 가식적이고 기계적인 느낌이 든다는 것이다. 예를 들면 시아버지가 지난여름 며느리인 자신에게 "에어컨 하나만 장만해줄 수 없겠니?"라고 조용히 말씀하셨단다. 그러면서 "네 남편에게는 내가 그랬다고 말하지 말라"고 덧붙이시더라는 것이다. 그래서 남편에게 자신의 생각인 양 "아버님 댁에 에어컨 하나 장만해드리자"라고 했더니 남편은 일언지하에 거절하더라는 것이다. 왜 그러냐고 물었더니 "그 노인네가 덥지도 않은데 공연히 그러는 거야"라면서 더 이상 말도 못하게 하더라는 것이었다. 자기는 그런 남편을 도저히 이해할 수 없을 뿐만 아니라, 시부모님 뵙기도 너무 민망하다는 것이었다.

중년에 부모와 사이가 나빠지는 이유는 크게 두 가지이다. 첫째는 어렸을 때의 부모-자녀 관계가 역전逆轉되어 나타나는 것이다. 권위적인 부모는 대개 자식의 의견을 듣기보다 자신의 생각대로 자식을 키운다. 그것이 부모의 도리이고 자식이 제일 잘되는 방식이라고 믿기 때문이다. 그리고 만약 자녀가 이를 따르지 않을 경우 엄하게 처벌한다. 이런 과정이 반복되면 자녀는 자신의 의견을 표현하지 못하고 부모의 말을 따르게 된다. 그러면서도 자신의 마음을 알아주지 못하는 부모에게 섭섭하고 화가 날 수밖에 없다. 하지만 그런 마음을 표현하면 처벌을 받게 되므로 감정을 억압하고, 오히려 더 복종적으로 행동하기도 한다.

심리학에서는 이런 현상을 '반동 형성'이라고 부른다. '미운 자식에게 떡 하나 더 준다'라는 속담도 있듯이, 자신의 속마음과 반대로 행동하는 것을 이른다. 그러면 다른 사람들이 자신의 진정한 감정을 알아차리지 못하기 때문이다. 젊었을 적에는 유난히 부모의 말에 순종적이었던 사람이 중년이 되어서 부모에게 자꾸 역정을 내는 경우가 많은 이유이다. 어렸을 때는 부모의 처벌이 두려워 속마음을 억압했지만, 중년이 된 지금은 더 이상 늙은 부모의 처벌이 두렵지 않고 굳이 속마음을 억압할 필요가 없어졌기 때문이다.

그렇기 때문에 지금까지 감춰두었던 감정이 과도하게 표출되는 것이다.

노년의 부모와 사이가 나빠지는 두 번째 이유는 '부모는 나 자신의 미래'이기 때문이다. 지금 내 앞에 있는 힘없는 늙은이가 바로 자신의 20년, 30년 후의 모습이라고 느껴지기 때문이다. 어떤 자식은 부모와는 반대의 방향으로 가기도 하고, 또 어느 자식은 부모와 같은 모습으로 나이 들어간다. 하지만 결국 모두 부모에게 절대적인 영향을 받는 것은 같다. 심리학에서는 이런 현상을 '동일시'라고 부른다.

동일시에는 두 종류가 있다. '긍정적 동일시'는 부모처럼 살려고 노력하는 것이다. 아들이 "난 아버지처럼 살고 싶어"라고 말하는 것이 긍정적 동일시를 하는 것이다. 대조적으로 '부정적 동일시'는 부모처럼 되지 않으려고 노력하는 것이다. 드라마를 보면 가끔 딸이 어머니에게 대들면서 "나는 엄마처럼 살지 않을 거야"라고 소리치는 장면이 나온다. 이 대사가 의미하는 것이 바로 부정적 동일시이다. 자식들의 마음속에는 이처럼 긍정적 동일시와 부정적 동일시가 녹아있다.

젊었을 때 그렇게 가족에게 폭력적이던 아버지가 늙어서는 힘이 없는 나약한 할아버지가 되어 있는 모습을 보면 많은 자식들이 안도하기보다는 화를 내는 경우도 많다. "젊었을 때는 사나운 호랑이처럼 집에서 그렇게 못되게 행동했으면서 지금은 왜 이렇게 처량하게 되었느냐?"며 때로는 "차라리 지금도 젊었을 때처럼 성질을 부렸으면 좋겠다"고 눈물짓는 사람도 있다. 이것은 자신도 늙으면 그렇게 힘이 없어질까 봐 두려워하는 것이다.

다른 노인들에게는 쉽게 동일시하지 않기 때문에 크게 영향을 받지 않는다. 자신은 저런 모습으로 늙지 않을 것이라고 생각하면 된다. 하지만 자신의 부모와 심리적으로 '분리'되기는 쉽지 않다. 부모를 남처럼 생각하고 부정할 수 없기 때문이다.

이처럼 이유를 알았다면 해결할 수 있다. 먼저 자신이 부모에게 부정적인 감정을 가지고 있다는 사실을 인정해야 한다. 그래야 해결책이 나올 수 있다. 만약 자신은 효자라고 생각하는 사람이라면, 마음속에 부모에 대한 부정적 감정이 있다고 아무리 알려주어도 수긍하기 어려울 것이다. 그러나 부모에게 긍정적 감정을 느끼는 것이 당연하듯이 부정적 감정을 느끼는 것도 당연하고 자연스러운 것이다. 다만 긍정적 감정은 표현되지만 부정적 감정은 억압되어 있을 뿐이다.

부정적 감정이 있다는 것을 인정했으면, 다음은 그 감정을 표현해야 한다. 하지만 부모에게 직접 부정적 감정을 표현하는 것은 바람직하지 않다. 이제 연로한 부모는 그 비난을 감당할 신체적, 심리적 힘이 없기 때문이다. 이럴 때는 믿을 수 있는 대상에게 자신의 감정을 솔직하게 표현하는 것이 해결책이 될 수 있다. 예를 들면 부인에게 자신은 솔직히 "부모님이 싫었다"고 고백하는 것이다.

만약 마음 놓고 감정을 표현할 대상이 없다면 상담 현장에서 많이 사용하는 '빈 의자 기법'을 이용할 수 있다. 혼자 방에 빈 의자를 앞에 두고 그 위에 베개나 다른 물건을 놓는다. 그리고 그 베개가 자신의 부모라고 생각하고, 솔직한 자신의 감정을 표현한다. "나는 지금까지 아무 말도 안 했지만, 아버지가 술 마시고 집에 와서 나를 때렸을 때 아버지가 너무 미웠다"라고 솔직하게 표현하는 것이다. 아무도 듣는 사람이 없기 때문에 속일 필요도 없고, 꾸밀 필요도 없다. 단지 그 순간에 느끼는 감정을 솔직하게 표현하기만 하면 된다. 심한 경우 욕이 나올 수도 있다. 그렇다면 욕을 해도 괜찮다. 상대가 누구든 미우면 욕이 나오는 것이 정상이다. 이 과정을 되풀이할수록 부정적 감정이 줄어든다. 그리고 어느 정도 분이 풀리면 부모에 대한 긍정적 감정도 나타난다. 그때 이 감정도 솔직히 인정하면 된다.

부모가 자녀의 미래인 것은 사실이지만 그렇다고 모두가 부모와 똑같은 모습으로 살아가는 것은 아니다. 모든 자식은 부모를 닮지만 동시에 자신만의 삶을 살아가는 것이다. 내 앞에 있는 노쇠한 부모는 단지 부모일 뿐이고, 나에게는 내 나름대로의 삶이 있다. 이렇게 부모와 자신을 분리시켜 생각하면, 비로소 오랫동안 마음속으로 불화했던 부모님과 화해할 수 있다. 그리고 나 자신의 중년기도, 부모님의 노년기도 더욱 기꺼운 마음으로 돌보며 살아갈 수 있게 될 것이다.

가족은 상담자, 가정은 상담소

중년은 심리적으로 미래와 과거를 동시에 볼 수 있는 시기이다. 자신의 미래를 이미 노년이 된 부모를 통해 미리 접해볼 수 있다. 늙은 부모의 현재 모습이 바로 자신의 미래이다. 동시에 자신의 과거를 자녀를 통해 다시 재생할 수 있는 시기이다. 과거의 실수와 회환이 자녀를 통해 눈앞에 펼쳐진다. 중년의 부모가 자녀들에게 충고나 조언을 많이 하는 이유는 아쉽고 회환이 남는 자신의 과거를 자녀들이 되풀이할까 염려하는 마음이 크기 때문이다.

중년은 자신의 건강뿐만 아니라 가족의 건강에 관심이 많은 시기이다. 체력이 약해지고 늙어가는 것을 피부로 느끼는 시기이기 때문이다. 새해에 가족들이 모여 세배를 드릴 때도 제일 자주 오가는 덕담은 "새해에도 건강하게 지내라"는 것이다. 오랜만에 지인을 만났을 때도 가장 먼저 하는 인사가 "요즘 건강은 어때?"인 것을 보아도 건강이 우리 모두의 최고 관심사인 것은 분명하다. 건강 이외의 기대와 소망은 모두 건강하다는 것을 전제로 이루어진다.

일반적으로 '건강'이라고 하면 우리는 보통 몸의 건강만을 생각한다. 특히 우리 문화는 몸의 건강에 대해 지나칠 정도로 관심이 많다. 몸에 좋다는 소문만 퍼지면 야생의 동식물이 남아나지 않는다. 내세來世에 특별한 관심을 가지고 있지 않은 우리의 전통문화에서 '개똥밭에 굴러도 저승보다 이승이 낫다'라는 말이 있듯이, 이승에서 장수長壽를 누리는 것이 복 중의 복이라고 생각했다. 다행히도 현재 우리 여성의 평균수명은 세계에서 세 번째로 높다.

세계보건기구WHO는 '건강은 단지 질병이 없는 상태를 의미하는 것이 아니라 신체적, 정신적, 사회적으로 완전히 안녕安寧, well-being함을 말한다'라고 정의했다. 그리고 1998년부터 '영적spiritual 안녕'이라는 측면도 건강에 포함시키자는 논의가 활발하게 이루어지고 있다. 영적 부분까지 건강의 개념에 포함시킬 경우 무속적 신앙까지 건강의 영역이라고 해석할 우려가 있다는 지적이 일부 선진국에 의해 제기돼, 헌장이 바뀌지 못하고 있다. 따라서 WHO 역시 건강에 대한 정의에 사실상 영적 건강까지 그 범위를 확대해 놓은 상태라고 할 수 있다.

따라서 행복하게 살기 위해서는 몸의 건강 못지않게, 아니 그보다 더욱 중요한 것이 '마음'의 건강이다. 하지만 불행하게도 우리들은 일상에서 마음의 건강에 대해서는 그동안 별로 관심을 기울이지 않았고, 또 기울일 겨를도 없었다. 그 결과, 현재 우리나라가 당면한 큰 문제 중 하나는 몸은 건강하지만 마음이 건강하지 못하고 병든 사람들이 급격하게 증가하고 있다는 사실이다. 세계보건기구는 정신건강을 '한 개인이 자신의 능력을 실현하고 일상적인 삶의 스트레스에 대처하고 생산적으로 일할 수 있으며 그가 속한 지역사회에 기여할 수 있는 안녕 상태'라고 정의하고 있다.

몸이나 마음이나 병이 들면 '아프다'는 공통점이 있다. 몸이 병들면 고통스럽다. 하지만 그 고통은 오로지 본인만이 감당해야 한다. 아무리 자녀를 사랑하는 어머니라고 해도 자녀를 대신해서 아파줄 수는 없다. 괴로워하는 자녀를 보면서 안타까워하며 빨리 낫게 해달라고 마음속으로 기도할 뿐이다. 그래서 몸이 아픈 사람은 누가 권하지 않더라도 스스로 병원에 가거나 전문가의 도움을 받으려고 한다. 우리말에도 '병은 자랑하라'라는 격언이 있다. 즉, 몸의 병은 전염병을 제외하고 '개인적'이다. 환자 혼자만 아프고 고통 받기 때문이다.

마음이 병들어도 아프고 고통스럽다. 하지만 몸이 병든 것과는 달리 자신만 아프기보다는 주위 사람들도 아프다. 오히려 주위 사람들이 더 고통을 받는다. 정작 당사자는 자신이 주위 사람들을 얼마나 고통스럽게 하는지 잘 알지 못한다. 이 점에서 몸의 건강과 마음의 건강에는 큰 차이가 있다. 즉 몸은 '내가' 아프지만 마음은 '너를' 아프게 한다는 것이다. 즉, 마음의 건강은 다른 사람과의 관계를 고통스럽게 한다. 그리고 자신이 얼마나 주위 사람들을 고통스럽게 하고 있는지 잘 알지 못한다. 따라서 몸의 건강은 개인적이지만, 마음의 건강은 사회적 문제로도 이어진다. 마음이 병든 사람이 자기 발로 도움을 청하러 가는 경우는 거의 없다. 견디다 못한 주위 사람들이 전문적인 도움을 받아보라고 권하면 오히려 "나를 정신병자로 몰고 있다"며 화를 내거나 하소연하기도 한다. 병원이나 상담소에 억지로 데리고 간다 하더라도 저항을 하며 치료나 상담에 비협조적인 자세를 보인다.

몸이 건강하기 위해서는 운동도 하고 보약도 먹고 또 정기검진도 받아야 한다. 대중매체에서는 건강하기 위해 필요한 운동에 대해 자세한 정보를 제공한다. 또 건강에 좋은 먹을거리에 대한 기사도 넘쳐난다. 덕분에 요즘 일반인 중에는 건강에 대해서 거의 전문가 수준의 지식을 가지고 있다고 자부하는 사람도 많다. 몸이 건강하기 위해서는 무엇보다 운동을 해야 한다는 것은 누구나 다 알고 있는 사실이다. 그래서 사람들은 운동에 대해 많은 관심과 경제적 부담, 시간을 투자한다. 학교의 교과목에도 체육시간이 반드시 있다. 하지만 마음의 건강에 대해서는 관심이 없기 때문에, 마음의 건강을 지키기 위해서는 무엇을 해야 하는지 알지 못하는 사람이 많다.

마음의 건강을 유지하고 증진시키기 위해서는 여러 가지 방법이 있을 것이다. 하지만 그 중에서 제일 핵심적이고 일상생활에서 쉽게 응용할 수 있는 방법이 바로 '상담相談'이다. 상담은 여러 가지로 정의할 수 있지만, 먼저 한자어를 풀어보자. 상담은 상대방을 뜻하는 '상相'자와 이야기나 대화를 뜻하는 '담談'자로 구성되어 있다. 또 담談 자는 말을 뜻하는 '언言'자와 뜨겁다는 것을 뜻하는 '염炎'자로 구성되어 있고, 염炎은 불을 뜻하는 '화火'자가 두 개 들어 있다. 즉 한자들의 조합을 통해 알 수 있는 상담의 의미는 '상대방相의 마음속에 뜨겁게 타오르는 불火을 대화言를 통해 풀어주는 것'이다. 우리는 일상의 대화에서도 "화가 나서 열 받는다"라든지 "네가 말썽을 부리니 엄마 속이 타들어간다"라는 표현을 종종 쓴다. 화가 나면 마음속에 불이 난 것이니 '속이 타들어가니' 마음이 화상을 입는다. 그러니 속이 쓰리고 아프다.

한국 사람들이 앓는 대표적인 마음의 병이 '화병'인 것은 널리 알려진 사실이다. 미국정신의학회의 정신질환 진단 및 통계 편람 DSM-IV(1994)에는 Hwa-Byung이라는 한국식 표기로 등재된 적도 있었을 정도였으나 현재 사용되는 DSM-V(2013)에서는 삭제되었다. 하지만 한국 사람들에게 화병이 많이 있다는 것만은 변함이 없다. 화병은 자신의 감정을 잘 표현하지 않고 억제하는 경향이 강한 한국 문화의 영향을 많이 받고 있다. 대표적인 증상은 우울, 분노, 짜증, 불면을 포함하여 가슴 통증, 소화불량, 속쓰림, 두통 등 다양한 신체증상으로 나타난다. 다시 말하면, 일상적인 마음의 건강은 생활하면서 느끼는 화를 얼마나 효율적으로 푸는지, 즉 마음속의 불을 얼마나 효율적으로 끄는지에 달려 있다고 볼 수 있다.

우리 사회는 상담에 대해 편견을 가지고 있다. 상담은 문제를 가지고 있는 사람들에게만 필요한 것이고, 나와 내 가족은 마음의 문제가 없기 때문에 상담을 받을 필요가 없다고 생각하는 것이다. 그래서 누군가가 상담이 필요하다는 조언을 하면 화가 나고 부정적인 감정이 일어난다. 하지만 운동은 몸이 아플 때 필요한 것이 아니라, 몸이 건강할 때 필요한 것이다. 그래야만 건강이 유지되고 증진되기 때문이다. 이미 몸이 병든 사람이라면 빨리 치료를 받아야지, 운동을 하면 안 된다. 마찬가지로 상담은 마음이 건강할 때 필요한 것이다. 즉, 상담은 마음의 건강을 유지하고 증진시키기 위해 필요한 활동인 것이다.

가정은 가족들이 사회생활을 하고 나서 힘들고 지친 상태로 돌아오는 곳이다. 그리고 또다시 일상생활이라는 전쟁터로 나가서 이길 수 있도록 원기를 북돋워 주는 곳이다. 그 역할을 잘하기 위해서는 가정이 상담소가 되어야 한다. 매일 생활하는 직장과 학교 또는 반복되는 일상에서 지치고 화가 났을 때 일차적으로 그 화를 풀어주어야 하는 곳이다. 그리고 다시 즐거운 생활을 할 수 있도록 돌보아주는 곳이어야 한다. 즉 가정은 가족원들의 화를 풀어주어 웃게笑 만드는 곳所이므로 '상담소相談所'인 동시에 '상담소相談笑'라고도 할 수 있을 것이다. '소문만복래'가 되기 위해서 가족 구성원 모두가 서로에게 상담자가 되어야 한다.

과거는 얼마든지
바뀔 수 있다

50대 후반에 접어든 한 남자가 만나자마자 "요즘 제가 좀 이상해졌어요. 자꾸 옛날 일이 생각나요. 혹시 제가 모를 큰 병에 걸린 것은 아닌지 모르겠어요"라고 걱정스러운 듯이 말을 꺼냈다. 그는 얼마 전까지도 과거 생각을 거의 하지 않았다고 했다. 그리고 별로 내세울 것도 없는 삶을 살았기 때문에 생각이 나더라도 곧 잊어버리려고 노력했다고 했다. 하지만 요즘에는 잊어버리려고 해도 자꾸 생각나고, 특히 잠자리에 누워 있을 때처럼 혼자 있거나 조금 시간이 나면 자기도 모르게 옛날로 돌아가 있다고 말했다. 그런데 이런 이야기를 중년기, 특히 중년기 후반에 접어든 사람들에게서 종종 듣게 된다.

우리는 보통 과거의 일을 생각하는 것은 노인들이나 하는 일이라고 생각한다. 우리가 전형적으로 떠올리는 노년의 이미지는 양지바른 공원 벤치에서 하릴없이 시간을 보내거나, 어린 손자녀를 앞에 두고 "옛날에는 말이다……"로 시작하는 흘러간 옛이야기를 하는 것으로 각인되어 있다. 하지만 과거를 생각하는 것이 노인들의 전유물은 물론 아니다. 어느 시기에든 우리는 과거와 미래를 모두 생각하며 살아간다. 다만 나이가 들어갈수록 과거를 생각하는 시간이 길어지고, 그 횟수가 많아질 뿐이다.

과거는 앞으로 나아가게 하는 힘이 되는 동시에 미래를 막는 억제의 힘을 동시에 가지고 있다. 좋았던 과거는 생각하면 생각할수록 큰 힘을 얻을 수 있는 디딤돌이 된다. 동시에 힘들고 괴로웠던 과거는 미래를 살아가는데 걸림돌이 될 수도 있다. 특히 불행했던 과거에 집착하고 얽매이면 앞으로 나아갈 수 있는 에너지를 잃게 된다. 따라서 미래를 향해 힘차게 나아가기 위해서는 불행했던 과거로부터 자유로워져야 한다.

과거의 불행 때문에 힘들어하는 사람들에게 우리는 보통 잊으라고 조언한다. 하지만 이 조언이 효과가 없다는 것은 누구나 알 수 있다. 자신부터 힘들었던 과거가 잊히는지 돌아보라. 잊을 수 있었다면 벌써 잊고 새 출발을 했지, 무엇 때문에 힘들어하고 있겠는가? 잊히지 않으니 괴로워하는 것이다.

과거는 잊어야 할 대상이 아니라, 해방되어야 하는 것이다. 그러기 위해서는 지금까지 불편하게 했던 사람이나 사건과 화해를 하고 감정적으로 자유로워져야 한다. 즐겁고 자랑스럽고 행복했던 일만 겪으면서 살아가는 사람은 없다. 겉으로는 행복해 보이고 아무 어려움 없이 팔자 좋게 살아온 것 같은 사람도, 알고 보면 누구에게도 말하지 못할 괴로움과 후회, 회한의 감정을 마음 깊이 품고 살고 있다. 하지만 젊었을 때는 당장 처리해야 할 일이 많으므로 그런 감정에 사로잡혀 있을 겨를이 없고, 또 직면하고 싶지 않아 가슴 깊이 묻어두고 외면하며 살아간다. 하지만 가슴속에 묻어두고 돌아보지 않는다고 이 감정들이 없어지는 것은 아니다. 다만 애써 피하며 살아왔기 때문에 의식화되지 않은 채 묻혀 있을 뿐이다.

중년의 시기가 지나면서 과거의 일이 자꾸 생각나고 느닷없이 감정이 올라오는 것은 이런 부정적 과거로부터 해방되어 더 밝은 미래로 나아가려는 마음의 작용이다. 과거와 화해하고 용서하기 위해 '회상回想'을 하며 우리 마음이 속삭이고 있는 것이다. "더 이상 부정적인 과거의 짐을 마음속에 가지고 살아가지 말고, 이제는 그것을 풀고 자유롭게 살아가라"는 마음의 명령이다. 이 마음의 명령에 따르면 된다.

과거로부터 진정으로 자유로워지기 위해서는 용서하고 화해해야 한다. 따라서 과거를 돌아보고 부끄럽고 자괴감을 느끼거나 또는 분노를 느끼게 되는 부정적 사건을 떠올리고, 그 감정을 표현해야 한다. 자신을 힘들게 한 다른 사람을 용서해야 할 뿐만 아니라 자신의 실수도 용서해야 한다. 결과는 비록 실패로 끝났지만 그 당시에는 그것이 옳고 좋은 결과를 가지고 올 것이라고 판단했기 때문이다. 과거에 대해 화해하고 용서할수록 더 평안함을 느끼게 된다.

홀로 사는 한 중년 여성이 우연히 종교단체에서 실시한 집단 상담 형식의 모임에 참석하게 되었다. 이 여성은 젊은 시절 바람을 많이 피운 남편 때문에 "속이 이미 새까맣게 다 타버렸다"고 말했다. 그렇지만 남편과 몇 년 전에 사별했기 때문에 더 이상 남편 때문에 속 썩을 일은 없었다. 하지만 남편이 생각날 때마다 속에서 울화가 치밀어 오르고 한동안 우울해지는 경험을 되풀이하고 있었다. 이 여성은 비록 물리적으로는 남편에게서 해방되었지만 심리적으로는 아직도 완전히 자유로워지지 못한 채 실질적으로는 계속 부정적 관계를 이어오고 있었던 것이다.

이 여성이 과거에서 자유로워지기 위해서는 심리적으로 남편과의 관계를 정리해야 한다. 그녀는 다행히도 이 상담 모임에 참석한 또래의 여성들이 지금까지 살아오면서 속상했지만 쉽게 털어놓지 못했던 한 맺힌 사연을 자연스럽게 표현하고 속이 후련해하는 모습을 보고, 자신도 지금까지 털어놓지 못했던 자신의 속 이야기를 할 용기를 갖게 되었다. 그리고 자신의 차례가 되자 그동안 자신이 겪었던 가슴 아픈 사연을 털어놓기 시작했다. 이미 눈물이 말라버렸는 줄 알았는데 가슴속에 묻어두었던 원망과 울분을 이야기하자, 자신도 모르게 감정이 북받쳐 울면서 이야기를 이어갔다.

그렇게 그동안 쌓아두었던 남편에 대한 울분을 속 시원히 털어놓자 생각도 하지 못했던 놀라운 일이 벌어졌다. 지금까지 오랫동안 잊고 있었던 남편과의 즐거운 추억들이 되살아나기 시작한 것이었다. 잊고 있어서 그렇지, 사실 남편과 불행했던 일만 있었던 것은 아니었다. 부정적인 감정을 털어내고 긍정적인 감정이 살아나자 이제야 남편을 용서하고 편하게 떠나보낼 수 있게 된 이 여성은 드디어 남편에게서 진정으로 해방될 수 있었다.

이처럼 불행했던 과거로부터 심리적으로 해방되지 못하면 세월이 갈수록 절망감을 느끼게 된다. 절망감은 '회한과 미련이 많은 삶인데 더 이상 개선할 수 있는 시간과 기회가 없다'는 절박한 심정에서 느끼는 부정적 감정이다. 절망에 빠진 이들은 실패투성이 삶을 조금이라도 바꾸어보려고 계속 일에 집착하고 조바심을 낸다. 그리고 만족하지 못했던 욕망을 채우기 위해 나이에 걸맞지 않은 욕심을 부린다.

또 절망감은 종종 '혐오감'을 동반하기 때문에, 이들은 주위 사람들의 사소한 잘못에서도 노여움을 느끼고 다른 사람들의 잘못과 말썽을 참지 못한다. 하지만 사실은 절망하는 사람들은 주위 사람들이 혐오스러운 것이 아니라 실패한 인생을 살아온 자신이 혐오스러운 것이다. 흔히 노인들에게서 나타나는 부정적 특징이라고 부르는 '노욕老慾'과 '노탐老貪'은 그런 심리 상태에서 나오는 것이다.

위에서 예를 든 중년 여성의 경우처럼 부정적인 감정이 충분히 표현되면 뒤따라 긍정적인 감정이 나온다는 점을 잊지 말아야 한다. 만약 주위에 불행했던 과거에 대해 이야기하는 사람이 있다면 빨리 그 감정을 표현하고 풀 수 있도록 도와주어야 한다. 우리 자신에 대한 감정도 그렇지만 다른 사람이나 사건에 대한 감정도 100퍼센트 부정적이거나 긍정적인 경우는 없다. 아무리 사랑하는 사람이라도 좋은 면이 있는 반면 아쉬운 면이 있기 마련이다. 다만 부정적인 감정보다 긍정적인 감정이 더 많으면 그 대상에 대해 전반적으로 긍정적인 감정을 가지게 되고, 부정적인 감정은 평소에는 의식하지 않는 것일 뿐이다.

부정적인 감정을 줄이기 위해서는 표현해야 한다. 좋은 감정은 표현하면 더 늘어나고, 부정적인 감정은 표현하면 줄어든다. 선조들도 이런 이치를 잘 알고 있었기 때문에 "기쁨은 나누면 두 배가 되고, 슬픔은 나누면 반이 된다"라고 했던 것이다. 과거, 특히 불행했던 과거로 돌아가 인생을 되돌리는 것은 현실적으로 불가능하다. SF 영화에서처럼 타임머신이 실제로 있다면 유행가 가사처럼 '과거로 돌아가서' 다시 살 수도 있겠지만 아직까지는 아무리 아쉬워도 불가능한 일이다.

과거는 흘러갔고, 지나간 사건 자체는 절대로 되돌릴 수 없다. 다만 그 사건에 우리가 심리적으로 덧붙인 주관적 의미는 얼마든지 변경할 수 있다. 그것이 인간의 마음이 가지고 있는 기적의 치유력治癒力이다. 절망을 희망으로 바꾸는 '마음의 연금술鍊金術'은 얼마든지 가능하다.

열심히 놀아야 한다

　라이프스타일 매거진 〈헤이데이〉와 서울대학교 행복연구센터가 공동으로 서울에 거주하는 30대에서 60대에 이르는 성인 남녀 480명을 대상으로 '대한민국 중장년의 일상에서의 행복'을 연구한 결과를 보면 우리나라 중장년층의 삶의 만족도가 전반적으로 낮은 가운데, 50대 남성의 만족도가 가장 낮은 것으로 나타났다.

　프로이트는 행복하게 살기 위해 "Lieben(사랑) und Arbeiten(일)"이 필요하다고 조언했다. 먼저 'Lieben(사랑)'의 영역인 친밀한 인간관계에 관련된 측면을 살펴보자. 우리의 친밀한 인간관계는 크게 두 가지로 나눌 수 있다. 하나는 부모나 자녀, 형제와 같은 가족관계이다. 이 관계는 내가 스스로 선택할 수 있는 관계가 아니고 태어나면서 '주어진' 것이고 뜻대로 바꿀 수 없는 관계이다. 또 하나는 부부나 친구와 같이 자신이 스스로 선택하는 관계이다.

이 관계는 얼마든지 끊을 수 있고 다른 사람으로 대체할 수 있는 관계이다.

　연구 결과에 의하면, 예상대로 사람들은 혼자 있을 때보다 가족이나 친구처럼 가까운 사람들과 함께 있을 때 더 행복하다고 느꼈다. 이는 당연한 결과이다. 하지만 이 연구 결과에서 한 가지 관심을 둘 점은 사람들이 특히 이웃/지인과의 상호작용에서 가장 큰 행복감을 경험한다는 점이다. 다시 말하면 스스로 선택할 수 있는 관계인 '이웃/지인'과의 관계가 '부모/자녀'처럼 주어진 관계보다 행복감에 더 큰 영향을 미친다는 점이다.

　이 결과에 대해 행복연구센터는 '한국의 중장년은 혈연처럼 강한 관계보다는 이웃과 지인처럼 가볍지만 친근한 관계에서 더 큰 행복감을 얻고 있음을 보여주는 결과'라고 분석했다. 가족관계는 자신의 의사에 관계없이 의무나 도리에 의해 행동해야 하는 경우가 많다. 자신의 감정, 즉 좋다거나 싫다는 감정이 표현될 수 없는 관계이기 때문에, 스스로 선택한 '이웃/지인'과의 관계보다 행복감에 큰 영향을 줄 수 없는 것이다.

　한편 일상에서 관계를 맺는 대상에 따른 행복도에서는 남녀 차이가 뚜렷이 나타난다. 남성들은 배우자와 같이 있을 때 다른 누구와 있을 때보다 더 행복하다고 답했다. 하지만 여성들은 이웃/지인, 친구/연인, 가족(부모/형제/친척) 다음으로 배우자를 꼽았다. 남성들에게는 안타까운 현실이지만, 여성들에게 있어서 남편의 존재는 행복을 증진시키기는커녕 오히려 방해가 되는 경우가 많다는 것을 보여준다. 결혼생활 만족도에 대한 대부분의 연구는 이와 유사한 결과를 보여준다.

중년이 되면 남자와 여자의 성향이 큰 변화를 보인다. 일반적으로 말하면 '남성은 여성화되고 여성은 남성화'된다. 남자들은 젊었을 때는 가족보다는 사회생활에서의 성공에 더 많은 관심을 가지고 '승진의 사다리'를 오르려고 노력한다. 그러면서 자연스럽게 가족에 대한 관심보다는 대외적인 활동과 인간관계에 더 많은 시간과 정력을 소비한다. 그러다가 중년이 되고 사회적 활동에 한계를 느끼기 시작하면 관심이 가족으로 향하게 된다. 지금까지 상대적으로 소홀히 했던 가족관계와 정서적 관계를 중시하게 된다. 그러면서 배우자와의 관계가 더욱 행복에 중요한 요인이 되는 것이다.

이와 대조적으로 지금까지 자녀 양육과 가사에 많은 관심을 기울인 여성의 입장에서는 사회생활에 더 많은 관심과 투자를 하기 시작한다. 이제는 자녀들도 성장해서 어머니의 관심을 덜 필요로 할 뿐만 아니라 어머니의 품을 떠나는 시기가 된다. 이 공백을 메우기 위해 여성은 지금까지는 등한시했던 친지들과의 관계가 점점 빈번해지고 사회 활동에도 참여하기 시작한다. 이런 시기에는 당연히 친구나 친지, 이웃과의 관계가 생활의 만족도에 큰 영향을 미치고, 동시에 가정적으로 변하는 남편은 사회 활동을 방해하는 존재로 전락해가기 시작한다. 특히 젊었을 때 부부 사이가 원활하지 않았다면 남편과의 관계가 행복을 추구하는 데 방해물로까지 여겨지게 된다. 30대와 40대는 배우자와 함께 있을 때 가장 큰 행복감을 느끼지만 50대는 배우자와 함께 있을 때 행복감이 뚝 떨어지는 결과가 이 사실을 잘 말해주고 있다.

'Arbeiten(일)'의 영역 즉 일상적인 활동은 크게 두 가지로 나누어볼 수 있다. 하나는 좋아서 하는 활동, 즉 자발적 행동이다. 또 하나는 어쩔 수 없어서 하는 활동, 즉 의무적 활동이다. 이 두 가지 활동 중에서 좋아서 하는 자발적 행동이 행복감과 긍정적 관계가 있다. 이번 연구에서도 일반적으로 행복에 도움이 되는 활동이 '여가/취미' '운동' '종교 활동' '여행' 등으로 나타난 것으로도 확인할 수 있다. 대조적으로 어쩔 수 없어서 의무적으로 하는 활동은 행복감과 관계가 없거나 부정적 관계가 있다. 이번 연구에서도 '육아/가사 활동'과 '업무' 등과 같은 활동이 행복감과 상관이 없는 것으로 나타난 것은 자연스러운 결과라고 할 수 있다.

우리나라는 높은 경제적 발전을 이룩했음에도 불구하고 생활만족도는 낮은 나라이다. 누구나 바쁘게 살아가고 있지만, 생활에 만족하기보다는 "하는 일 없이 바쁘기만 하다"라는 말을 입에 달고 산다. 아마도 몸은 고달프게 일을 많이 하지만 마음은 행복하지는 않다는 표현일 것이다. 이렇게 된 원인 중의 하나를 이번 연구에서도 확인할 수 있다. 그것은 생활에 만족을 주는 자발적 활동이 전체 활동 중에 5퍼센트 미만이라는 점이다. 다시 말하면 삶의 만족을 주는 행동을 일상생활에서 거의 하지 못하고 있다는 것이다. 결국 우리의 일상생활은 선택의 여지가 없는 '가족관계'를 중심으로, '의무적'인 활동을 주로 하는 것으로 정리할 수 있다.

우리는 먹고 살기 바빠서 일만 열심히 했다. 하지만 정작 '왜' 열심히 일해야 하는지에 대한 본질적인 질문은 하지 않았다.

책임자로 연구를 수행한 서울대 심리학과 최인철 교수는 '연습하면' 행복해질 수 있다고 조언한다. 행복해지기 위해서는 '마음에 맞는' 사람들과 좋아서 '자발적'으로 하는 여가나 취미 활동, 여행 등을 많이 할 수 있도록 생활의 패턴을 바꾸어야 한다. 행복과 거리가 먼 TV 시청이나 먹기 등의 소극적 활동은 지양하는 것이 좋고, 시간이 나서 여가 활동을 하는 것이 아니라 '시간을 내서' 여가 활동을 해야 한다. 20세기에는 일하기 위해 놀았지만, 21세기에는 놀기 위해 일하는 시대로 변해가고 있다.

KI신서 9291
이제는 나로 살아야 한다

초판 1쇄 발행 2021년 9월 8일
초판 6쇄 발행 2024년 10월 11일

지은이 한성열
펴낸이 김영곤
펴낸곳 ㈜북이십일 21세기북스

정보개발팀장 이리현
정보개발팀 이수정 강문형 최수진 김설아 박종수
출판마케팅팀 한충희 남정한 나은경 최명열 한경화
영업팀 변유경 김영남 강경남 황성진 김도연 권채영 전연우 최유성
제작팀 이영민 권경민
해외기획팀 최연순 소은선 홍희정
디자인 Desig 신정난

출판등록 2000년 5월 6일 제406-2003-061호
주소 (우 10881) 경기도 파주시 회동길 201(문발동)
대표전화 031-955-2100 **팩스** 031-955-2151(마케팅) **이메일** book21@book21.co.kr

(주)북이십일 경계를 허무는 콘텐츠 리더

21세기북스 채널에서 도서 정보와 다양한 영상자료, 이벤트를 만나세요!
페이스북 facebook.com/jiinpill21 포스트 post.naver.com/21c_editors
인스타그램 instagram.com/jiinpill21 홈페이지 www.book21.com
유튜브 www.youtube.com/book21pub

서울대 가지 않아도 들을 수 있는 명강의! 〈서가명강〉
유튜브, 네이버, 팟캐스트에서 '서가명강'을 검색해보세요!

ISBN 978-89-509-9726-7 03180

- 책값은 뒤표지에 있습니다.
- 이 책 내용의 일부 또는 전부를 재사용하려면 반드시 (주)북이십일의 동의를 얻어야 합니다.
- 잘못 만들어진 책은 구입하신 서점에서 교환해드립니다.